仏教解略

中村匠
Nakamura
Takumi

風詠社

仏教解略

はじめに

仏教は膨大な時間的、空間的領域にまたがる思弁的哲学の知的産物である。ゆえに仏教についての典籍、なかんずく釈迦の教説と言われるものに限定しても8万4千法門といわれるほど多量である。勿論これらは多数であるという比喩ではあるが、しかし所謂大乗、小乗の仏典についてみても、また大蔵経、一切経と言われる経典についても、それを全読した者ははたして幾人いるだろうか。

仏教をある程度理解したいと、いわゆる概説書を読んでも多くは、この膨大な知的世界に翻弄されるだけで読後も隔靴掻痒の感を免れ得ず一知半解に終わるか、あるいは得たその断片の知識を以て、またその1教説を以てその支柱とし、その独断に依拠して他の教説を排撃するの愚を犯す事例を枚挙にいとまがないほど見聞する。

また或る書は極端に専門的で、その仏教用語は難解を極める場合も多く、また或る書は仏教学者の多くが仏家の出身者が多いために自身の属する宗派に対する態度に厳正に対応しきれていない事例が見受けられる。また或る書は仏伝等にみられる神話に類する事柄を平面的に書き連ね批判的観点が欠落したものも多く散見される。

著者はかつて四十数年前に故中村元東大教授のよき協賛者として東方学院で講述され、私淑させていただいた故ナレーシ・マントリ博士から私的にサンスクリット語の手ほどきを受け、ヴェーダ学等を教授され古代インド哲学、釈迦の初期仏教に興味を抱き続けてきた。爾来インドを始めとする諸国の仏跡を巡り、仏教学に関心を絶やさなかった者として、喜寿を過ぎた今、幾ばくかの知識を得たかもしれないと自問自答する。しからばと仏教に興味を抱く知己、旧友に限定すれば或いはこの程度の仏教知識でも一読して貰えるかもしれない。あるいはその吐露するところに、同意、共感、もしくは仏教を、より正確に理解いただけるやもしれぬ、と、勇を鼓して筆を執ってみた。これが本書の意図である。仏教以前のインド思想の歴史的経緯から現代までの流れを可能なかぎり平易に叙述してみた。

申すまでも無くこれらの内容の多くは先人諸賢や現在活躍中の諸先生の所説に依拠し、あるいは参考にさせていただいた。著者の見解は渺たるものであり感想に類するものにすぎない。このことは明記せねばならない。

最後にお世話になった風詠社の大杉剛社長に深く感謝を申し上げたい。

（付言）第２次世界大戦後の１９４７年、イギリスから独立したインドの初代法務大臣で憲法起草者でもあるアンベードガル博士（１８９１〜１９５６）はカースト制度の最下層である不可触賤民として生まれた。博士は死去の前年に30万人の不可触賤民と共に仏教に改宗した。今やインドにおける仏教人口は1億人に達するという。博士は「神や霊魂を否定し理性、慈悲、平等を掲げる仏教こそが社会を救いうる」として入信運動を展開した。

（参照）『アンベードガルの生涯』（山際素男訳、光文社新書）

中村　匠

目次

第3　中国仏教……87

第4　日本仏教……111

第1章 仏教前史

(1) アーリア人のインド侵入

紀元前3000年頃、インド・ヨーロッパ語族で金髪、碧眼、長身の白色人種の祖の集団が中央アジアで牧畜を営んでいたが分岐し、一部は西方のヨーロッパに向かった。

残留した集団は紀元前1500年頃にさらに分裂し、一部はイラン高原東部から西に向かい南下してイランに入り、イラン系アーリア人として定住生活に入った。

一部はイラン高原東部から東南に進み、インド系アーリア人としてヒンドゥクシュ山脈を越え、紀元前1200年頃、インド北西部のインダス河上流地域、パンジャップ地方のパンチャーラ地方に侵入し半農半牧生活を始めた。

(2) ヴェーダとバラモン思想

彼らは宗教的民族で、彼らの尊敬する神々を歌ったヴェーダは紀元前1200~800年頃に現在の形に成型されたという。そこに現れる神々は自然現象を表象したものである。こうした神々を祭る司祭者達をバラモンと呼んだ。

祭祀を司るバラモンは王族より上位者とされ、最古のヴェーダであるリグ・ヴェーダを始めとするヴェーダ学を独占していた。このヴェーダ聖典を中心に彼らバラモンはバラモン教を成立させた。

こうしてバラモン教を中心としたバラモン文化はアーリア人と共に拡散し、インド社会はバラモン社会化していった。

初期仏教も多分にバラモン思想の影響を受けており、特にヴェーダのうち、輪廻、業の思想を含むウパニシャッド哲学を色濃く継承している。

ヴェーダ聖典はバラモン教の基本聖典であるが、注目に値するのは特に奥義書とされるウパニシャッドには、全ての衆生は自らの行為（業）を原因として結果を生じさせるとして、善業善果、悪業悪果が説かれている点である。

また、衆生は悟り（解脱）を得ない限り、永遠に「迷いの世界」を輪廻して生まれ変わり、死に変わりして転生を繰り返すと考えられていた。何に生まれ変わるかは、その人のこの世における行為によって決定されるとされた。

輪廻とは汎インド的思想である。輪廻の主体はアートマン（心、自我）であって、この輪廻を断ち切らない限り、このアートマンは永遠に転生を繰り返す、とされる。古代インド人はこのことを恐怖、苦しみと捉え、この輪廻を断ち切って再び転生しないよう、修行者になり悟りを目指して出家することは一般的であった。

しかし、初期仏教でブッダは輪廻の主体たるアートマンは存在しない、としてアートマンを否定した。

また、大乗仏教の基礎理論を築いた竜樹も、空の思想（個体的な実体は存在しない）を説いて、このアートマンの存在を理論的に否定した。

(3) アーリア人の北インド進出

紀元前1000年頃、彼らアーリア人はパンチャーラ（五河）地方から東進し、ガンジス河上流域のガンジス・ヤムナーの両河が合流する農耕適地のヒンドウスタン平原地方に移動し、従来の半農半牧生活を捨て農耕中心の生活に切り替えたが、さらに肥沃なガンジス河の中流域に向かって進出し、鉄器を使用してさらに農業社会を進展させた。

併せて河川を交通路として利用した商業活動も行い、このヒンドゥスタン平原一帯に都市国家を形成していった。

彼らは自分たちをアーリア（聖なる、高貴なる人）と自称した。やがて周辺の非アーリア系の原住民族との間で徐々に混血を繰り返し、彼らと融合して特殊なインド社会を形成していった。

(4) カースト制度

紀元前８００年頃、彼らアーリア人は先住民との混血度合による身分差別による階層区分、いわゆるヴァルナ制度を創生し、インド人を４区分した。バラモン（司祭者）、クシャトリア（王侯・武士）、ヴィシャ（農、商、牧の庶民）、シュードラ（隷属奴隷）に分けた。カースト制度の成立である。この４区分は実体的には現在も厳存している。

紀元前６００年頃、上記のガンジス河中流域を中心に豊富な農産物と諸物資が出回り、加工業や商業が盛んになり、貨幣経済が浸透し社会経済活動が発展した。

(5) 小都市の成立と新思想家達

各地に小都市が成立し、それらを中心に群小国家が生まれた。しかし、それらの群小国家は次第に併合されていき、やがて16国が残存するのみとなったが、その中ではマガダ国（首都は王舎城）が最強であった。新たな経済活動の発展に伴って浮上してきた武士や商人階層を支援者として、多数の思想家が輩出された。彼らは従来のバラモン教とは異なる新しい教理を掲げ、新たな宗教活動を展開した。

仏教の開祖ゴータマ・シッダルダ（釈尊）やジャイナ教の開祖マハーヴィーラであり、この他にも多数の唯物論者、道徳否定論者、懐疑主義者、苦行主義者等々の哲学者、思想家が活躍した。

仏教では彼らを六師《ろくし》外道《げどう》と呼んだ。外道とは仏教徒とは異なるという意味に過ぎず、仏教者ではない6人の偉大な先生という意味である。

ジャイナ教も仏教からすると外道になるが、主唱者のマハーヴィーラはブッダより20歳ほど若く、インド思想に深く影響を及ぼした。ヴェーダの権威を否定し、その教団は倫理的色彩が強く、苦行・禁欲を重んじ、信徒に不殺生を要求した。

このため信徒の多くは農業に伴う殺虫をも嫌がり、不殺生の少ない商業に従事した。現代でも大教団として活動しており、特に金融業関連が多いとされる。

⑹　王国の興亡

では、紀元前６００年頃に16国に統合されていた諸王国は、その後どうなったか。

その頃の北インドには、種族的社会に立脚し各種族の代表によって構成された共和制王国と、これらの種族的社会を打倒して成立した君主制王国が併存していたが、紀元前５００年代の初期（釈尊の生誕40年前）には10国に統合され、釈尊の生国であった小さな共和制種族国家の釈迦族王国（注）も統治権を失い、君主制王国たるコーサラ国に隷属する状況にあった。

（注）釈迦族王国は釈尊の晩年、コーサラ国により撃滅された。

(7) バラモン教

インド宗教の主流は長い間、ヴェーダに基づくバラモン教であり、支配階級の大多数はバラモン教徒であった。

やがて社会経済が発展し、王族が経済的にバラモンをしのぎ栄華を極めるようになると、祭祀や宗教を司るバラモン達も享楽に憧れ、供養者に過大な布施を強要して蓄財し、あるべき宗教者からほど遠い生活に堕落していった。

バラモン教の宗教行事としては、火の祭祀と動物を生け贄として神々に捧げる宗教儀式が重要視されたが、こうした宗教行事は仏教行事にも混入した。例えば護摩を焚き、その火によって煩悩を浄めるといったものである。

紀元前後に成立したインドのマヌ法典によれば、バラモン教徒達は輪廻転生から救われるために、一生を4住期に分けて考えた。

①師につきヴェーダを学ぶ学生期。②家父長として家庭を営み祭儀を行う家住期。③仕事や家庭を捨て旅に出たり、遁世し林間で瞑想にふける林住期。多くはここで金銭的な問題や体力、気力で再び家に帰るが、一部の者は、④死への最終準備段階とし

ての遊行遍歴期に入る。

この最後の遊行遍歴期に悟りを得て解脱し、ウパニシャッドに説く自らのアートマン（心、自我）を、ブラフマン（宇宙の最高原理）の世界と合一させて死ねる（入滅）ことが、バラモン教徒の理想とされた。

時代が移り、前述の六師外道や沙門《しゃもん》と称する多数の思想家達が生まれてくる。彼らはバラモン教の権威を否定し、ヴァルナ制度等の身分制度に反対し、日常生活を旧体制から解放すべきと主張し、ガンジス河中流域のマガダ地方を中心に宗教革新運動を起こした。沙門であった釈尊もその一群の1人である。

沙門とは、人の幸福は生まれではなく、その人の努力次第で決まると主張する、宗教改革者達の事である。

第2　インド仏教

§1　初期仏教

(1)　仏教の誕生

共和制種族国家である釈迦族の小王国は、現在のネパール領タライ・ネパールのヒマラヤ山麓に位置し、ガンジス河を利用した稲作地域に立地していた。首都のカピラヴァーストは近年の遺跡発掘調査によって東西500m、南北400mの小規模都市であったことが判明している。釈尊誕生前後のこのガンジス河中流域の北岸一帯には、各種族が氏族社会を形成し、小規模な国家を成立させていた。釈迦族王国もその1つであった。

王位（ラージャ）は、原則として種族集団の構成員によって選出されていた。名家で釈迦族の族長でもあった釈尊の父、スッドウダナも、王位就任はほぼ世襲に近かったが、形式的には選出という形で王位に選ばれていた。

種族は武士階級のクシャトリアであったが、日常的には種族全員が自衛のため武装農民として農作業に従事していたらしい。釈尊の父も同様であったとされる。

釈尊は一般的には釈迦牟尼世尊と言われている。略して釈尊。牟尼は梵語のムニの音写であり、聖者を表し、釈迦牟尼は釈迦族の聖者の意味である。

紀元前４６３年、釈迦族の族長であるゴータマ家の子として生まれる。中国で孔子が没してから15年後の年に当たる。

その頃、中国では周王朝が衰退し、長江（揚子江）下流では呉と越の両国が攻防を繰り返していた。越王の勾践《こうせん》は宰相の范蠡《はんれい》を重用し、天下の美女、西施を献上する等の姦策によって呉王夫差の呉国を滅亡させた。中国の春秋時代はこれで終わり、やがて戦国時代へと移っていく。

この戦の余波で、越国から難民が日本に渡来し、稲作をもたらしたとする有力な説がある。稲作の日本伝来の時期ともほぼ合致しており、また越国人は水に潜って魚を漁り、入れ墨をするなど、当時の日本人の習俗に極めて似ている点も指摘されている。

太子（以下、成仏までの釈尊を「太子」と呼ぶ）の誕生については、多くの伝説に彩られている。母のマーヤ夫人は６本牙の白象が天界の兜率天から降り、夫人の右脇腹に入った霊夢を見て太子を懐妊した。臨月が近づき出産に備え実家に帰る途中、休息のためルンビニー園に立ち寄り、アショーカの花を摘み取ろうとして右手を伸ばした時、右脇から太子が生まれた。4月8日である。

インドの神話にバラモンは神の頭から、クシャトリアは脇腹から、ヴィシャは腿から、シュードラは足から生まれるとあるが、この伝説は釈迦族がクシャトリア出身であることを暗示している。

仏伝では2匹の竜が天から降り、香湯を注ぎ、太子は誕生直後に四方に歩き、右手で上を、左手で下を指し、「天上天下、唯我独尊」と宣言したとあるが、もちろん神格化のための後世の創作に過ぎない。この仏伝により、灌仏会の風習が生じた。

一行が王宮に戻ると、王は太子の将来をバラモン達に占わせた。アシタ仙人は太子の32相を見て、家に留まれば転輪聖王、出家すれば人類を救済する仏（ブッダ）になるだろう、と予言した。

生後7日にして母は没し、母の妹が義母となり太子を養育した。王と義母の間には、後にナンダという異母弟が生まれた。

17歳前後で、同じ釈迦族の娘ヤショーダラーを妻に迎えたという。

仏典のマッジマ・ニカーヤによると、ブッダが後に祇園精舎で少年時代を回顧して、宮殿では贅の限りを尽くし、夜ごと美女に囲まれた生活を送った云々とあるが、釈迦王国の状況からして、これも後世の創作であろう。

(2) 四門出立と出家

太子は人一倍、感受性が繊細であったらしいから、四門出立はその暗示か。ある日、城の東門から出た太子は老人と出会い、老いの苦しみを知る。別の日に南門を出て病人と出会い、西門で死者を見た。最後に北門で沙門（出家修行者）と出会う。そして、これらの苦悩を克服する決意を固めたのだ、と。

結婚して10年後に息子が生まれ、ラーフラ(注)と名付けた。当時のインドの慣習で、家を継ぐ者が無い場合には、出家は原則として許されない、とされていた。反対に上層階級ではそのような条件が整えば、家を出て修行者になり悟りを得て解脱する等、輪廻転生から抜け出すために準備を始めることは、ヴェーダの思想からして一般的なことであった。

(注) ラーフラは後年、出家し太子（ブッダ）の弟子となった。僧団の規則を守ること、その第一人者と言われた、とある。

息子の誕生で障害は取り除かれた。後顧に憂いはない。太子は出家し家を捨て城門(注)を出た。

(注)城とは壁で囲まれた都市のことで、日本の城の概念とは異なり、例えば王舎城とは王舎の都市を指す。

太子は奴僕のチャンナに愛馬カンタカを引かせ、城門を出た。郊外で衣服を粗末な袈裟衣に着替えて一沙門となり、世俗の一切を捨てた。チャンナを父母のもとに帰し、故郷カピラヴァーストから中インド最大の強国マガダ国の首都、王舎城(ラージャグリハ)を目指して旅立った。29歳であった。

太子はなぜ出家したのか——。

苦しみを超克するため出家して解脱を求め、不死の境地を得たいという願望が湧いた。

当時のインドでは僧侶階級のバラモンだけでなく、六師外道と呼ばれた自由思想家たちも、これらの難問の解答を求め、世俗を離れて林野で瞑想、苦行した。

仏伝は言う。「マガダ国のビンビサーラ王は、王舎城にやってくる太子を遠目に見て、この人物は世界を統治する理想の王、転輪王となるべき人物だとみた。すぐさま太子の宿を訪ね提案した。当時、ガンジス河中流域はマガダ国とコーサラ国で覇権を争っており、太子の母国の釈迦王国はコーサラ国に隷属させられていた。このためビンビサーラ王はコーサラ国からの離脱を勧め、独立のための象軍団や精鋭部隊の援助を申し出たが太子は拒絶したという。ならば、と王は太子に懇請したという。いずれ太子がブッダとなられたら是非訪ねてほしいと」。これも後世の潤色であろう。

⑶　瞑想と苦行

当時、王舎城（前出）周辺の山々には多くの修行者達が居住し、瞑想や苦行を中心とした修行に励んでいた。

太子はそこで高名なアーラーラ・カーラーマ仙人に会い、無所有処（我執を離れた無の境地）について仙人流の瞑想（ヨーガ）の手法を伝授され、師と同じ境地に達したが、この境地では解脱出来たとは言えなかった。

太子はここを辞し、次にウッダカ・ラーマブッタ仙人を訪ね「非想非非想処」の境地を伝授されたが満足出来なかった。なぜなら、仙人の目指した瞑想方法により禅定に入り、その境地に達することを太子はすでに会得していたからである。

太子は両仙人に辞去を告げ、これらの瞑想方法から離れ、次に苦行の生活に入ることを選択した。ブッダガヤの地に行き、数キロ先の前正覚山の岩山に登った。

前正覚山にはすでに5人の修行者が、断食等の過酷な苦行に励んでいた。太子は彼らと共に6年間、苦行を続けたのである。

苦行は身体に特殊な能力を与えられるとされており、修行の王道とされていた。

太子は当時の出家者の、行の両輪ともいうべき「瞑想と苦行」を修したものの、結局それらによって自らが抱える問題は解決しないことが判った。

苦行を放棄し、それを非難する5人の修行仲間に別れを告げて前正覚山から下山し、ブッダガヤの町に戻った。修行仲間はベナレス北方のサルナートにある鹿野苑へと去って行った。鹿野苑は当時、有名な修行地である。

瞑想に拠る修行を試み、また苦行によっても悟りが得られなかった以上、太子は今までの修行方法を捨て、自らの方法で悟りの探求を始めなければならなかった。

ブッダガヤを流れるガンジス河の支流ナイランジャナ川（尼連禅川）に降り立ち、苦行で疲弊しきった身体を沐浴し浄めた。

ウルヴェーラ村の村長の娘スジャータは下女から太子の事を聞き、乳粥を供養した。太子はこれを食し体力を回復した（牛乳製品のスジャータはこれに由来する）。

(4) 禅定と縁起

太子は原点に立ち返り考察した。そもそも苦しみは何故生じるのか、と。そして、それは我々の認識の在り方の問題にあるということに気付いたのである。

我々は物心がついたときには既に「自己」と「自己以外のもの」を分けて認識するようになっており、それが当然の認識手段だと思っていた。そこに問題があった。それ以外に認識する方法は無いのか？

太子は思考形式としては禅定が最適だと確信した。

太子は尼連禅川の岸辺にあるアシュヴァッタ樹（後年、菩提樹と呼ばれる）の根元に坐し、長い禅定に入った。それは49日に及んだという。禅定して目覚めた。悟ったのである。

世界を対立の存在として見ていたことの誤りに気付いたのだ。世界は融合して存在しており、それらは依存（縁起）関係として存在していることを知った。まさにコペルニクス的認識の転換であった。

この縁起の理法を理解した時、苦しみを生じさせていた原因が何であるかを知った。苦は何によって生ずるのか、それは実体の無いものに「執着」するからだ。

それではなぜ実体の無いものに執着するのか。それは実体というものの真実を知らないが故の無明であり、これが苦の源泉である。この無明を克服するには縁起を理解することだ、と。

では縁起とは何か。一切の事象・事物は、様々な直接的「原因」と間接的「条件＝縁」との組み合わせにより生起することだ。

では事象・事物とは何か。それらは独立した存在物ではない。それらの独立した存在物でないものが組み合わさって事物・事象が生ずるのだ、と。即ち事象・事物とは「実体としては存在しない＝空」であるということだ。

太子は全ての事象を、縁起の法則によって説明できることを知った。

すなわち無明（無知）により人は真理から外れた行為を為すが➡これにより視覚等の五感と知覚の感受機能により分別意識が生じ➡これにより自分の存在を明確に見分

けられるようになり↓これにより好き嫌い等の感情が生じるようになり↓これにより事物に対する愛着、執着を覚えるようになり↓これにより反対に嫌いなものに対しては忌避の心が生じるようになり↓これにより人に対し異なった感情が生じるようになり↓これにより対立が生じ、苦しみが生じ↓かくて思うに任せない人生に悩み苦しみが生じ、老と死の苦しみが生ずるのである。

しかし、無明を↓止滅すれば真理から離れた行為をすることも止滅し↓これを止滅すれば識別（分別）意識も止滅し……以下、同様に縁起のながれは止滅して行き、最終的には嘆き、悲しみ、憂い、老、死等の悩みが生じないことになる。

事象・事物が独立した存在でないとすれば、事物は本質的には無常、即ち存在しないことになり、固有の実体もないことになる。このことを「無常・無我・空」という。このことを理解すれば、「実体のない」事象・事物に執着したり、身体さえも空に過ぎないことが理解でき、自己に執着（我執）することから解放されるのだ。迷い（無明）も空であり、実体がないことが判れば迷いから目を覚ます（悟る）こともできるのだ、と。要約すれば、

・この世の一切の事物は、実体はなく、生じては滅すという変化を繰り返す。（諸行無常）
・この世の一切の事物は、関係し合いながら生滅、変化を繰り返している存在で、独立して存在しているものはない。（諸法無我）
これらを理解すれば事物に捉われず、迷いから解き放たれ、平和な境地に達する。（涅槃寂静）

では、具体的にはどうすれば、その境地に達し得るのか。太子は三学を修めることで達し得るとした。

三学とは十二正道を3分類したもので、以下を言う。
①戒律（規範を守る）、②禅定（瞑想等による精神統一）、③智慧（真理を見極める叡智）である。

(5) 太子の成道

12月8日、太子はついにブッダガヤの地で「縁起の理法」を悟り、物事の全てを貫く真理（真実）は縁起にあることを喝破した。「縁起の理法」こそが初期仏教の中心的教説である。

太子は正覚を得て成道しブッダとなったのだ。35歳。以後、アシュヴァッタ樹は菩提樹と呼ばれ、インドでは霊樹とされて切り倒しや傷つけることは慎まれた。

成仏した太子は釈迦牟尼（釈迦族出身の聖者）とも、ブッダ（悟りを開いた人）とも尊称された（筆者も以後、太子をブッダと呼称する）。

縁起について敢えて再び簡約すれば、以下のようになる。

物事が存在するには原因がある。その原因が縁に基づいて結果（物事）を生じさせるということだ。衆生はこの真理（真実）に対し無知（無明）であるから、物事の存在そのものに執着（渇愛）するのだ。

無知、無明ゆえに「生命とは何か」を知らないから、「生命と言う存在」に対し執着するのだ。『縁起の理法』を理解することにより、それを失う恐怖や苦しみから逃れることが出来るのだ、つまり解脱の境地に至るのだ。

ブッダは悟りを得たのち7日間、再び菩提樹の下で結跏趺坐して三昧に入った。

悟りはブッダの個人的かつ内的な真理体験である。それを言葉で他者に伝えることは不可能である。涅槃を体験していない者に、それが何であるかを正確に言葉で説明することは不可能だと考えた。説くべきか否か、ブッダは躊躇した。

ためらったもう1つの理由は、ブッダの時代には、悟りを得て輪廻の世界から逃れ得た聖者は究極の解脱（死）を望み、意識的にその方向を選択する事こそ最高の在り方であると一般的に考えられていた時代であった。ジャイナ教でも悟りを得た聖者は独り森林に分け入り、断食し、涅槃（死）を遂げるものが多かった。ブッダも例外であったとは言い切れない。

しかし、仏伝は言う。バラモンの最高神ブラフマン（梵天）が来てブッダに懇願した、と。「悟りを志している多くの者の為にも、悟りの内容や方法を語れる範囲で是非とも世の中に説くべきだと三度勧めた、と」（梵天勧請説話）。ブッダは葛藤の末、ついに説法することを決意した（この話はブッダの内面的葛藤を、梵天の勧請という物語で表現したものだろう）。

(6) 初転法輪

さて、この深遠な悟りを誰に最初に説くべきか。かつて自分が師事した２人の仙人は既に没していた。

苦行を共にした５人の比丘達に説こうと悟りの地ブッダガヤの町から１８０㎞の商業都市ベナレスのサルナートにある鹿野苑に行った。鹿野苑は苦行者が多く集まる聖地である。５人の仲間はここで修行していた。ブッダは５人に自らが得た悟りを初めて説法した。初転法輪と言う。

５人は直ちに弟子になり、喜び叫んだ。「我らは解脱した。現世の生が輪廻の最後の生となった。もはや輪廻転生することから免れたのだ」と。５人が仏弟子になったことで、最初の仏教僧団（サンガ＝僧伽）が誕生した。

初転法輪では何が説かれたか。

南伝仏教は、５人の修行者に四聖諦を説いたと伝え、北伝仏教では、５人の修行者に五蘊・縁起説・四聖道、中道、無我を説いたと伝える。

(7) 五 蘊

五蘊とは色・受・想・行・識の総称である。現象界に存在する一切のものは、次の要素の集合体である。

・色は、物質及び肉体で物質的要素であり、身体、目、耳、鼻、舌の5器官。

・受は、感受（感覚）作用であり、視覚、聴覚等である。心も物質に対する精神ではない単なる機能か器に過ぎず、それゆえに制御し得るものとされる。

・想は、表象（識別）作用で、感覚と同様である。目↓視覚のごとく、6種類の機能が外的世界と接触することで生じる。

・行は、意志、記憶等で全ての意図的行為がこれに含まれる。心に指示を与える（意図）↓身、口、心がそれに沿って行動する。業（カルマ）を生む。6つの機能（目・耳・鼻・舌・身体・心）のうち、それらに対応する6つの外的対象（色・音・匂い等）のどれか1つに対する反応である。

・識は、認識作用・意識である。目が色と接触すると、視覚意識が生じる。但し、色がそこに存在することに気付くのみである。それが青であると認知するのは想による識別作用によってである。

「ヴェーダとバラモン思想」の項で触れたが、アートマンとは何か。ヴェーダの段階では、倫理的行為の実践主体としてのアートマンを「我」として認め、善悪の行為の主体であるとし、修行者はアートマンの内包者である以上、主体者として苦から脱却すべく努力せよ、とされていた。煩悩、欲望を制御せよ、と。しかし部派仏教の説一切有部の頃になると、アートマン＝実有説が主張された。これに対し大乗仏教の基礎理論を構築した竜樹は、人間にはアートマンは存在しない、無我の存在であるとされた。アートマン（自我、自性）は固定的ではなく、変遷し消滅するものであり、その過程で五蘊の構成要素の一部として存在しているにすぎないものだ、と。

(8) 無　我

一切の存在物、自己等の個人を構成する事物は５つの集合要素（五蘊）から成立しており、これらの一つ一つは個別に独立したものではなく、縁起によって集合した物に過ぎず、常に変化する無常のものだ。無常であるが故に、五蘊とは悲しいものであり、苦でもある。しかし、それが現実である。だから、自己の身体に対する執着等を捨て、身体を超越せよと。

仏教では、人間等を構成しているこれら五蘊には、独立した存在とされるアートマン（他人に対する自我、自分自身、霊魂、独立した物）などと呼べるものは何もない、とする。アートマンは自我ではなく、自性もなく我もない無我の存在なのだ。

世界には、独立した物は何一つ存在しない。存在すると見える物は全て条件付けられた存在に過ぎず、それらは「相対的存在」であり、相互に依存している関係に過ぎず（縁起）、独立した絶対的な存在などではない。

この「依存性の原理＝縁起」に基づいて、例えば「苦の生起」を説明すれば、以下の通りとなる。

①無知を条件として意図的行為・カルマが生じ↓②これを条件として識・意識が生じ↓③これを条件として精神的、肉体的現象が生じ↓④これを条件として6感覚機能が生じ↓⑤これを条件として接触が生じ↓⑥これを条件として感受が生じ↓⑦これを

条件として渇望が生じ→⑧これを条件として執着が生じ→⑨これを条件として生存が生じ→⑩これを条件として誕生が生じ→⑪これを条件として老、死が生じ→⑫これを条件として苦が生じる。

これらの各要素は他を条件付けると共に、他に条件付けられている点で相対的であり相互依存的である。何一つ独立していない。自由意志は存在しない。なぜなら意志さえも条件付けられた存在であり相対的であるからだ。

従って、アートマンといった不変、不死なるものを想定するのは誤りである。ゆえに「我」はない。「無我」なのである。

部派仏教に残る最古の経典「阿含経」には、肉体も精神も刻々変化し、どこにも永遠不変なものはない。もし、「私は存在しない」「私の物は無い」という無我説を真に体得できれば、あらゆる煩悩から解き放たれる時だ、とある。

(9) 四聖諦

四聖諦とは、ブッダが説いた苦しみの自覚からその解決に至る４つの真理、真実である。

①苦諦…この世は一切が苦であるという真実。人生の本質は苦しみ、楽しみである。魅惑的美人に惹かれ会いたいと思うのは楽しみ、喜びである。しかし、この楽しみも永遠ではない、移ろうものだ。苦の最も本質的なものは、全ての事象が条件づけられた縁起によっているに過ぎぬことの苦しみである。私とされる個人的存在も、五蘊により構成されたものであるが、その実体は空であり、無である。それゆえに苦であるのだ。

②集諦…苦の原因は、迷妄、執着であるという真実。無知・無明に基づく欲望から、迷妄・執着が生じ、苦が生じる。

③滅諦…苦の原因の消滅という真実。苦を消滅させるためには、迷妄を離れ、執着を断たねばならない。

④道諦…悟りに導く実践という真実。悟りに至るためには八正道によるべきであるとする。

⑽　八正道（中道）

ブッダは快楽主義や苦行主義ではない隔たりのない中道主義こそが苦を超越し、消滅させる実践方法であるとした。①正しい理解、②正しい思考、③正しい言葉、④正しい行い、⑤正しい生活、⑥正しい努力、⑦正しい注意、⑧正しい精神統一の８項目である。これは後に３項目に分類され、「三学」として悟りに至る実践方法として唱導された。

⑾　教化、説法の時代

ブッダは５人の弟子と共にベナレス各地の村から町へと交互に托鉢に出かけ、衆生に説法した。ベナレスの長者の子、ヤサとその友人54人を出家させた。ヤサの両親も在家信者として帰依した。

ブッダの初期仏教は出家至上主義に立ち、煩悩から解脱せんとする求道者中心主義であり、冠婚葬祭などは俗事であるとして出家者は超然として一切関わらず、生産活動にも携わらなかった。必然的に在家信者の布施に依存した。ブッダの教えは、比丘など出家者は寸暇を惜しみ修行せよ、衣食は在家に托鉢し、乞食をして求めよ、というものであった。

ベナレスでの教化の後、ブッダはスジャータの住むウルヴェーラ村に向かった。この地域では、火の祭祀を執行するバラモン行者カッサバ3兄弟が絶大な信仰を集めていた。ブッダは神通力で帰依させ、その弟子1000人も帰依したので、教団は一挙に拡大したとある。しかし、ブッダが3兄弟を神通力で破った等々の言い伝えは、ブッダを超人化して後世に作られたものである。

ブッダは、自分は人間以上の者であるとも、神からの啓示をうけた者とも主張しなかった唯一の宗教の開祖である。自分が理解し、到達し、達成したものは、全て決意と努力と知性に因ると主張した。

人間こそ至高の存在であり、それより高い位置から人間を審判できる存在や力などはこの世に存在しないとし、世俗のあらゆる呪術、迷信、密法などを固く禁じ、排撃した。これが初期仏教の基本的性格であった。従って、これらの神通力云々は後世の創作であることが判る。

ウルヴェーラ村に暫く留まった後、近くのガヤ山（象頭山）に向かう。そこでもブッダは、火の祭祀を司る1000人のバラモン修行者を帰依させた。

⑿　竹林精舎と祇園精舎

次にブッダは、カッサバ3兄弟等と共に、マダガ国の首都、ラージャガハ（王舎城）に赴いた。

ブッダは、ビンビサーラ王に自らが悟った四聖諦を説いた。王は深く感銘し、ブッダに帰依し、在俗信者となり、王舎城の一角の竹が生い茂った土地を寄進した。

ブッダ一行は、その樹下や石上に起居していたが、ある長者がブッダ一行の威儀ある生活の様をみて感じ、建物を建て提供した。竹林精舎である。最初の精舎が成立した。

ずっと後に、ビンビサーラ王は、我が子のアジャーサット王子（阿闍世《あじゃせ》）とダイヴァダッタ（提婆達多）に反逆され、幽閉され没したが、阿闍世王子もその後、大臣の助言で悔い改め、ブッダに帰依した。

ブッダの成道2年目、釈迦族の小王国は当時大国のコーサラ国に隷属させられていたが、ブッダはコーサラ国王、パセーナディを訪ねた。王はブッダの人格、識見に感じ入り、また、悟りの内容に感動しブッダに帰依した。王は30代半ばの青年でブッダよりわずかに年少であったが、生涯を通じてブッダに帰依すると共に親友となった。王は80歳になる寸前、老年のブッダが釈迦族の住む村に止宿していると聞いて急に逢いたくなり、駕籠を飛ばし会いに来たのが2人の最後の別れになった。

即ち王が留守をしているとき、将軍がウイドウダバ王子を担いで謀反し王を追放した。パセーナディ王は妹が嫁ぐマガダ国に急いだが、王舎城に入る前に没し、義弟の阿闍世王が盛大に王を弔った。

ウイドウダバ王子は王と親しかったブッダの釈迦族王国を攻略し、大量虐殺のうえ殲滅した。しかし、ウイドウダバ王子も王となって以後、コーサラ国は衰滅した。

話を元に戻す。コーサラ国の首都サーヴァティ（舎衛城）にスダッタという長者がいた。慈善家で孤独な人々に食を給付していたので給孤独長者と呼ばれ、世間から尊敬されていた。長者はブッダに帰依し、宮廷のジェーダ太子から広大な土地を買い取り、精舎を建て教団に寄進した。祇園精舎である。

ブッダは生涯を通じ、雨季の大半を竹林精舎か祇園精舎のどちらかで過ごしたという。竹林精舎と祇園精舎は、当時のマガダ、コーサラの２大国の仏教伝道の拠点として有名である。

当初６人の仏教教団も、１２５０人の規模に発展していた。

⒀　舎利弗、目連等の入団

筆を戻す。当時、王舎城近辺に六師外道の１人、サンジャ師が懐疑論、不可知論を唱え、２５０人の教団を率いて修行していた。サンジャ師はこの前後の時期に病没したと思われる。

事実上の教団指導者はサーリプッタ（舎利弗）と、その友のモッガラーナ（目連）であった。２人は王舎城から10キロほど近くのコーリタ村とナーラカ村出身のバラモンで幼馴染でもあった。

ある朝、サーリプッタは、毎朝見る比丘の托鉢姿が敬虔なので感じるものがあった。「あなたの師は誰か、何を教わっているのか」と尋ねた。「自分はブッダの５人の弟子の１人、アッサジであり、師は諸々の事象は因から生ずることを説き、その滅をも説かれた」と答えた。

サーリプッタは眼が開かれた思いがした。すぐに友達でもあるモッガラーナとブッダの説法を聞きに行き納得し、弟子仲間250人を率いてブッダの所に赴き、改めて帰依し弟子となった。2人は後にブッダの教団の大幹部となった。間もなくブッダ教団にマハーカッサバ（大伽葉）が加わった。

伝道を開始して20余年経ったブッダ50歳前後の頃、故郷のカピラヴァーストに帰郷した際、多くの釈迦族の青年たちがブッダに帰依し、出家を望んだ。釈迦族より出た聖者の盛名は、ガンジス河中流域で高まり、郷里の若者達はその下に参加する機会を探していた。

ブッダの従兄弟アヌルッダが提案し、同調者集団は7人になった。アヌルッダ、アーナンダ（阿難）、ダイヴァダッタ、理髪師のウパーリ等である。

⒁　ダイヴァダッタ

ダイヴァダッタはブッダの従兄弟で、7人の集団出家者の1人だったが、随分歳月が経過した或る日のこと、竹林精舎に帰ってきたブッダに忠告する比丘《びく》があった。「注意なされよ、提婆達多が阿闍世王子の帰依を得て、厚い供養を受け大層な羽振りだ」と。

暫く経った或る時、ブッダが集会で法を説き終わると、彼が進み出て「師は高齢になられた。教団を私に任されて、安楽に余生を過ごされては」と。ブッダは答えた。「ほぼ道を究めた舎利弗や目連にさえ未だ任せていないのだ、まだお前は彼らに較べ未熟ではないか」と。

仏伝によると、彼は自尊心を傷つけられたと感じ、「人生は短い。楽しむためにも、あなたは王を殺せ、私はブッダを殺すから」と阿闍世王子を焚きつけたが、計画は失敗したので次に彼は教団の分裂を図り、サンガの戒律の厳正化を提案した、とある。

普段から極端な禁欲主義に反対し、中道こそが正しいと説教しているブッダが反対するのを見越しての提案だった。賛否が分かれた。ダイヴァダッタは自らの提案に賛同した５００人を引き連れ、象頭山に去った。目連たちが出向き、ある程度引き戻したが、教団は分裂した、とある。

しかし、彼の教団が以後も成長し拡大していったところを見ると、ダイヴァダッタに対する仏伝の評価は酷に過ぎ、単に戒律に関する厳格派と中道派の思想的対立ではなかったか、と思われる。

ブッダの子のラーフラについてはブッダが故郷に帰った時、舎利弗に命じ彼を出家させた。目連が教導の師となった。ラーフラは成長し教団の定めを守ることに定評を得るようになった。

⒂ 阿難

或る時、目連は阿難に言った。「師は老いられた。阿難よ、侍者として傍でお助けしたらどうか」と。阿難は特別な待遇をされないことを条件で承諾した。以後、阿難は入滅まで25年余、忠実にブッダに随侍した（ブッダ55歳前後の頃か）。

マガダ国の阿闍世王が、商業で繁栄しているヴァッジ族の共和制王国を攻略せんと霊鷲山にいたブッダに大臣を派遣して、その当否を尋ねさせた。ブッダは答えた。「あの国は自由主義的で進取の精神に富み、万事を会議で決定しており、倫理も守られているので、滅びないだろう」と。大臣は納得して帰った。

⒃　最後の旅

ブッダは80歳になり、阿難の力添えが無くては何も出来ないようになった。大般般若経は次のように記す。「阿難よ、私は老いた。古い車輪は革紐で締めてやっと動かせる。私の身体もそのようだ」と。

ブッダは自分より先に逝ってしまった高弟の舎利弗、目連を思った。いかに彼らを深く頼りにしていたか……舎利弗は故郷のナーラカ村で没し、続いて目連が外道の難に遭って没していた。

ブッダは阿難等と最後の旅に出た。生まれ故郷のカピラヴァーストに向かったのである。

ナーランダ等を経てパトスに出てガンジス河に至った。渡し場からヴァッジ国である。各村を経て商業都市ヴェーサリーに入り遊女アンバパーリの帰依を受け、食事を供養された。

彼女は郊外にマンゴー園を所有していたが、食事を終わるとこの林園を仏教教団に寄進し、自らも出家し尼僧となった。

ヴェーサリー郊外のヴェーヌ村に入ったが雨季になったので、この村で雨安居（雨季の定住）をした。

インドでは5月中旬から9月中旬は雨季である。悪疫、害虫を避けるため修行者は遊行に出ず、雨安居とし、宿を借り、坐禅や修養に努める。ここでブッダは激痛に襲われ、寿命が終わりに近いことを自覚した。

阿難はブッダに最後の説法を願った。

ブッダは説いた。「阿難よ！　私は隔てなく、悉く真理を説いた。私の教えには、何物かを隠して教えないような教師の握り拳は存在しない。私はもう老い衰えて人生の旅路を通り過ぎ、80歳になった。古ぼけた車が革紐の助けでやっと動くように、私の身体も革紐の助けで持っているようなものだ」

「阿難よ。私の死後、この世に生きるには自らを島とし、自らを頼りとし、法を拠り所とし、他人や他の物を拠り所とせず生きなさい」と。自帰依、法帰依である。

ヴェーサリーを出発しパーバー村に到着した。鍛冶屋のチュンダに食事を供養されたが、キノコ料理にあたり下痢に襲われながら、病躯を押して言う。「阿難よ、さあ、早く故郷に近いマッラ国のクシナーラに行こう」

マッラ国は釈迦族と同族で、今は滅び去ったブッダや阿難の故郷、釈迦族王国のすぐ近くにある。老いたるブッダは、滅亡した故郷に痛惜の思いを抱いていたことであろう。

⒄　ブッダ入滅

一行はクシナーラに入ったが、ブッダはここで重篤となった。郊外の河岸の沙羅双樹の林間に、頭を北に向け右脇を下にして、足の上に足を重ね床に身を横たえた。

遍歴行者スバッタが訪ねて、当時の哲人の形而上学的所説につき、ブッダの評価を求めた。阿難は断ったが、ブッダは病を押して答えた。

「自分は29歳で真理（真実）を求めて出家した。いかに善く生きるかが最大の関心事で、そのための正しい道理、真理（ダルマ）を求めて励んできた。この理法にかなったやり方で、我が道を歩むだけである」と。

ブッダは歩むべき真実の道を実践的に説いた。「この世界が時間的に有限か、空間的に無限か、肉体と霊魂とはどのような関係か等の形而上学的問題は明快な回答が得られぬ問題であり、これらは道理の把握に役立たず、聖道の実践という究極の目的に役立たぬ。そのことが何も説かぬ私の理由である」と。

スバッタはブッダに帰依し、最後の弟子となった。

紀元前383年、今から約2400年前にブッダは最後の説法を行い入滅した。「阿難よ、私が説いた教えと私が制定した戒律とが、死後お前たちの師となるのである。修行者達よ、諸々の事象は過ぎ去るものである。怠ることなく修行を完成しなさい」と言い遺した。

その頃のインドでは、葬送儀礼として火葬した遺骨は壺などに収めた。ただしバラモン教の後身であるヒンドゥ教の時代に入ると、遺骨はガンジス河に流すのが最上の供養とされている。

釈迦族王国はコーサラ国のヴィドゥダバ王によって滅ぼされていたので、ブッダの葬儀は同族のマッラ族の手により火葬にされた。

ブッダの遺骨（仏舎利）は、彼を深く敬愛したマガダ国の阿闍世王が8分割し、8国のストーパ（卒塔婆の語源で、円形基壇の上に椀を伏せたようなドーム状の構築

料金受取人払郵便

大阪北局
承　認

1017

差出有効期間
平成30年5月
9日まで
（切手不要）

郵便はがき

553-8790

018

大阪市福島区海老江5-2-7-402

㈱風詠社

愛読者カード係 行

ふりがな お名前				明治　大正 昭和　平成　　年生　　歳
ふりがな ご住所	□□□-□□□□			性別 男・女
お電話 番　号		ご職業		
E-mail				
書　名				
お買上 書　店	都道府県　　市区郡	書店名	書店	
		ご購入日	年　月　日	

本書をお買い求めになった動機は？
1. 書店店頭で見て　2. インターネット書店で見て
3. 知人にすすめられて　4. ホームページを見て
5. 広告、記事（新聞、雑誌、ポスター等）を見て（新聞、雑誌名　　　）

風詠社の本をお買い求めいただき誠にありがとうございます。
この愛読者カードは小社出版の企画等に役立たせていただきます。

本書についてのご意見、ご感想をお聞かせください。 ①内容について	
②カバー、タイトル、帯について	
弊社、及び弊社刊行物に対するご意見、ご感想をお聞かせください。	
最近読んでおもしろかった本やこれから読んでみたい本をお教えください。	
ご購読雑誌（複数可）	ご購読新聞 新聞

ご協力ありがとうございました。

※お客様の個人情報は、小社からの連絡のみに使用します。社外に提供することは一切ありません。

物）に納骨された。

死後にブッダは超人化され、ストーパ信仰が始まった。

ブッダの死は涅槃と表現されるが、涅槃とは輪廻転生の鎖から自由になった「霊魂の静かなる消滅」を意味している。

ブッダが入滅して半世紀、50年も経つと、その生涯は仏伝としてインド各地に伝えられ、並行してブッダの前世物語（ジャータカ）が作られ流布した。輪廻転生の思想は、インドではヴェーダの時代から信じられていたので、ブッダの前世物語も容易に受け入れられ、特に南伝仏教を介して東南アジアに広まった。

時が経ちブッダが没してのち１００年ほど経過した頃、マウリア王朝のアショーカ王はブッダに深く帰依し、遺骨を丁重に掘り出し、全国に建てられた８万４千の仏塔に細分化して改めて分納した。

⒅ 第一結集

ブッダがクシナーラの城外で没したとき、マハーカッサバ（注）（大迦葉）達は少し遅れてブッダ達と同じ道をクシナーラに向かって旅していたが、外道の沙門にブッダの死の報を聞き、クシナーラに急いだ。

（注）マハーカッサパのマハーとは梵語（サンスクリット語）の「大」を意味する。ラージャ（王）→マハーラージャ（大王）。

同行していた比丘のスバッタが、「憂うな、悲しむな、我らはこれで大沙門から自由になれた。これからは何の制約なしで欲することをするぞ！」と喚いた。大伽葉はこれを聞き、ブッダの教えが消滅することを畏れた。何故なら、ブッダは場所、時期、話す相手の能力に応じて教説を説いた（対機説法という）ので、聞いた人により理解が異なる場合があったのだ。比丘のスバッタのようにブッダの真意がよく理解できない者もいたのだ。

大伽葉は長老であったが、頭陀行を最も厳守した人であった。頭陀行とは、衣食住にわたるまで執着の心を払いのけ、小欲、知足の徳を養うための実践方法であり、常行乞食、糞掃衣《ふんぞうえ》などの実践項目がある。

或る時、ブッダが言った。「大迦葉よ、そなたも年老いた。頭陀行の粗末な糞掃衣を着て托鉢を廻るのは辛かろう。私の傍らにいて、供養の食事に招待されたら受けた

らどうか」。大迦葉のカッサバは辞退して答えた。「私はこれまでそうして来て、今は

これが楽しい。また、こうすることで、後の世の人々の参考になれば嬉しいのです」

と。

師の葬儀を終え、大伽葉は集まった比丘達に提言した。「友よ、われらは、ブッダの教法と戒律を結集し、非法興りて正法衰える日に備えねばならぬ！　そのために、師の教説と戒律を結集しておこうではないか！　集会を開き、互いに記憶していることを出し合い、吟味し、訂正し、正しいものを確立し、皆で合唱して記憶するのだ、どうか？」

比丘達は、「大伽葉よ、結集のための比丘達を選択したまえ」と人選を大伽葉に一任した。大伽葉は阿羅漢という悟りの段階に達した仏弟子５００人を人選し、マガダ国の王舎城郊外の七葉窟の精舎に結集させた。

大伽葉が議長となり、ブッダが説いた教説については阿難が、戒律についてはウパーリ（優波離）が選ばれ、記憶していた師の遺された教説と戒律を説明した。教説が復唱され、戒律が復唱され、集まった阿羅漢全員がこれを追認した。この作業は７ケ月を要した。この結集を「第一結集」または「五百結集」という。

この第一結集で、合唱という方法で統一理解され確認された比丘達の記憶の中にまとめられたブッダの初期仏教の経説や戒律の内容が、具体的に如何なるものであったかを正確に記した資料は現存せず、今となっては不明だが、後に阿含（またはニカーヤ＝集合）という名で記憶され、まとめられた諸経や部派仏教の解釈として成立してくるアビダルマの論や律の核となる部分がそれであろうか。

教説が確認され復唱されると、仏弟子達はこれらを深く記憶し、それぞれ伝道に旅立って行った。

ブッダ入滅の50年後の紀元前３２７年、アレクサンダー大王が北西インドに侵攻したが、やがて撤兵し、大王は帰路客死した。

さらに10年経った紀元前３１７年頃、古代インドのマガダ国地域を基盤としたマウリア朝による巨大帝国が成立した。最盛期は3代目のアショーカ王の時代で、王は征討過程で数十万の兵士の殺害を行ったことを悔やみ、仏教に帰依した。また、王は息子をスリランカに送り、仏教を伝来させた。

こうして第一結集で復唱され確認されたブッダの教説は、スリランカから東南アジアに広がった。部派仏教の上座部が伝えている、南伝のパーリ語による阿含部の諸経であり、律蔵の諸品である。これらの中に、ブッダの教説が比較的正しく伝えられているという。

第一結集以降の教団は、ブッダが定めたルールを守るという原則の下で、また、大迦葉や阿難等のブッダの直弟子達の指導もあり、問題なく運営された。

⒆　過去仏、未来仏

教団指導下で各地域に下部組織が成立して教団は発展の一路を辿った。また一般民衆に仏教が普及し、またジャータカの浸透もあり、また古代インド以来のその輪廻の思想からして、過去世にもブッダは存在したはずだ。過去世で修行した結果、あの偉大なブッダとしてこの世に現れたのだ、という思想が生まれた。

そうでなければ、わずか６年間の短期間で、あの偉大な悟りの教説が生まれるわけがない。長い前世、前々世からの修行の結果として得られたものに違いない、という考え方が浮上した。そして、初期経典の長阿含経では、過去七仏が記された。過去一七仏と合わせ二四仏を説く経典も現れた。

これらの考え方の延長線上に、未来にも当然ブッダは出現されるはずだという考えが現れた。ブッダ没後の56億7千万年後の未来の世界で釈迦の弟子の弥勒菩薩が仏となってこの地上に生まれ、ブッダに代わって、ブッダがこの世で救い切れなかった衆生を救済するのだ、という思想も生まれた。「弥勒上生経」これらの思想は総じて大乗仏教の一環である。

過去・現在・未来にブッダが存在することになった。では、東西南北にいても不思議はなかろうという思想が、やがて生まれてくる大乗仏教によって唱えられ、ブッダ像は無限に拡大していったが、これは後日の話である。

⑳ 第二結集

第一結集から100年ほど過ぎた紀元前280年頃、問題が発生した。一部の比丘達が律の運営に関し違反しているとして争いが起こった。問題解決のためヴェーサリーに700人の比丘が集合し、審議した。

論点は、比丘が布施として金品を授受することが許されるか否かであった。ブッダの生存時代とは社会情勢も異なり、商品交換経済が発展し、貨幣経済の浸透が問題を複雑化させていた。大迦葉も阿難等も既に遠い昔の人になり、誰もブッダを知らない時代になっていた。

審議の結果、金品授受はブッダの定めた規則に反するとした長老達の主張が正しいとされ、規則の緩和や自由な裁量も許容されるべきだとする改革派比丘達の主張は退けられた。

納得できない改革派は同志を集め、教団からの離脱を宣言し、「大衆部」と称した。長老達も対抗して結集し、「上座部」と称した。根本分裂を招いたこの結集を第二結集と呼ぶ。

(21)　バラモン教の復活と初期仏教の衰退

この時代になると、衰退していたバラモン教は、人々の日々の生活に密着していたインド土着の呪やまじないをはじめとする原始宗教と結びつき、これを取り込んで「ヒンドゥ教」を成立させ、勢力を拡大させていた。これに反比例してブッダの初期仏教は衰退の道を辿り始めた。以後、バラモン教という名は姿を消し、ヒンドゥ教と呼ばれるようになった。ヒンドゥとは、ずっと後年にヨーロッパ人がインドをヒンドと聞き間違えたことに由来する。その意味でヒンドゥ教とはインド教と同義である。

何故インド社会でブッダの初期仏教が衰退していったか。ブッダの仏教は知性の力によって世界を、あるいは事象を理性的に認識し分析し、人間が肉体を持つことに起因する諸々の執着、煩悩から解脱することによって安らかな境地に到達しようとすることが究極の目的である。解脱とはあらゆる欲望を否定し尽して得られる境地である。そして生きたままその境地に達することを有余涅槃という。その至難の業に到達し得るのは何百万人いて果たして何人いるのだろうか。その境地に到達出来ぬその他の多くは死によって煩悩が肉体を離脱したときに涅槃に到るという。無余涅槃である。死によって成仏するという思想である。

しかしブッダ死後の２００年でインド社会は変質しつつあった。商業が勃興し商人たちは栄耀を楽しみ一般大衆も、人間の幸福は欲望からの離脱であり、利益の追求を人間の三毒の１つの貪欲であるとして否定する仏教よりも、欲望を肯定し現世を肯定する非アーリア的土俗習俗と習合したヒンドゥ教に親和していった。殊に被支配者階級である先住民たる非アーリア民族の土俗習俗のなかで行われる呪による諸々の即効的効能は次第にアーリア系種族にも受け入れられ、ヒンドゥ教の中にも取り入れられて、これがこの宗教の興隆にも大いに寄与し、同時に初期仏教の凋落要因の１つでもあった。

紀元前３世紀前半、マウリア朝の３代目のアショーカ王は北アフガニスタン全土を平定した。第二結集が起こったのはこのアショーカ王の時代である。

仏教もこのアショーカ王のアフガニスタン平定に付随し、北インドからヒンドゥクシュ山脈やカラコルム山脈を越え、西域と呼ばれた中央アジアを横断するシルクロードの各国（ガンダーラ、バーミヤン、カジュガル、ホータン、クチャ、トルファン等）を経由し、紀元前後には中国に伝播された。北伝仏教である。

ガンダーラ（ペルシャワールの古名）では、ギリシャ文化の影響を受けた仏像彫刻が作成された。

根本分裂までの仏教をブッダによる初期仏教と呼ぶ。

§２　部派仏教

分裂した上座部と大衆部の２大勢力も、紀元前２８０〜１８０年の１００年間で教理解釈を巡り、さらに内部分裂を繰り返し、20派に分派した。騒動が終息したのは、それから80年ほど経過した紀元前１００年頃である。

根本分裂から紀元前１００年頃に至り騒動が終息した。この紀元前２８０年〜紀元前１００年までの１８０年間の間に大乗仏教が萌芽してきた。この期間の仏教を部派仏教の時代と呼んでいい。

§３　大乗仏教

⑴　大乗仏教の勃興

この期間に、部派仏教の各派は王侯、長者、商業主等からの布施で広大な荘園を所有し、生活の安定を得て、比丘等は僧院で煩瑣な教理研究に、或いは自利の行である悟りの実践としての坐禅、瞑想に余念がなかった。しかしながらブッダの初期仏教、それに続く部派仏教は上記の理由等によって徐々に勢力が弱まっていった。

こうした部派仏教の姿勢を批判し、釈迦の精神に立ち返るべきであるという新しい仏教運動が興った。大乗仏教である。彼らは「部派仏教の、特に上座部の在り方を出家者中心主義であり、初期仏教が目指した衆生済度こそが仏教の目指すべき根本目的であり、これに反し上座部は僧や修行者の目的を自らの悟りを求めるのが主眼となっており、自利、小乗で衆生の救済は第二義となっている」として非難した。第１次仏教運動といっていい。

これらの運動は第二結集の頃から、当初は主として南インド地方を初めとする地域で起こるが、やがて西北インドから中央アジアにかけて、第2次大乗仏教の大きなウネリが起こった。

本来の仏教は民衆救済の利他行ではなかったか。それに対し自分たちの主張する大乗（大勢の人を救済する舟）の教えこそが、まさにブッダの教説に沿う正しい教え「正教」であると主張した。

彼らは維摩経、華厳経、法華経等の初期大乗経典を創作した。彼らは非僧非俗で俗名の沙弥のままの法師たちで、その多くは中央アジア方面の人々である。彼らはブッダが弟子の声聞のために説いたという、四聖諦や縁起説さえ小乗仏教であり無用とした。戒、定、慧の三学の修行者を、出家中心主義者として蔑笑した。

彼らはこの利他行という改革運動を実践し、精進する人は、出家、在家に限らず全て菩薩と呼称し、菩薩概念を拡大した。

従来菩薩とは、前世で修行中のブッダ及び成道以前の修行者たるブッダのみを指したが、大乗仏教思想では自利のみの小乗の声聞、縁覚に対する対置概念に置き換えられた。

（注）かつて経典は、全てブッダの直説であることは当然の事実であると見做されてきた。そ

のため仏教者たちは、全経典がブッダが成道して入滅するまでの四十数年のどこかで説かれたものとみなし、その経典の優劣の序列化を試みた。教相判釈である。江戸時代に大坂の商店の番頭であった富永仲基が、大乗経典はブッダの直説ではないと主張したが無視された。万一これを認めれば、彼らの信仰の正統性と正当性が崩れてしまうからである。しかし、明治に入って西洋の仏教原典の研究成果が日本に紹介され、大乗経典がブッダ入滅後、数百年経ってから制作されたものであることを、万人が認めるところとなった。

その結果、仏教者達が小乗経典と呼び低評価していた阿含経こそが、実はブッダの教説に最も近く、自分たちの信奉している大乗経典は、ブッダ入滅後、数百年を経てブッダを騙った何者かが創作したものであることを知った。彼らは驚き慌て、大乗経典とブッダの思想の共通性を探求した。大乗仏教の起源を、部派仏教の大衆部の主張等に求めたりもした。以後、部派仏教を小乗経典と蔑視する視点はなくなった。

北インドを中心に、インド全土を支配したマウリア朝が崩壊して二百数十年過ぎた1世紀後半、イラン系の大月氏のクシャーン朝が中央アジア、北西インドを統一した。都はペシャワール（ガンダーラ）で、2世紀頃に3代目のカニシカ王で最盛期となった。クシャーン朝が東西交通路の中心に位置したために、仏教経典特に大乗経典が西北インドを経て、中央アジアの西域諸国にさらに大量に伝わった。

部派仏教のうち大衆部の思想は、大乗思想に類似している。ブッダの教説の本質は利他であり、衆生救済であるとした。大衆部はインド中部や南部を中心に教勢を広げ、上座部を批判した。

大衆部は「上座部の仏教は自分の悟りという利自にのみ没頭し、自分達だけが小乗という小さな舟に1人乗って彼岸（悟りの世界）を目指すことに専念しているが、それは小乗仏教であり批判されるべきだ」とし、部派仏教でありながら自分達は小乗ではないと主張した。

大衆部の仏教は「全ての人を乗せ彼岸への到達を目指す仏教である」と主張し、悟りという自利は「利他の修行の実践を通してのみ得られる」とし、このような修行者こそ菩薩なのだと説き、菩薩とはいつでも成仏できるのに敢えて成仏せず、衆生を救済する人であるという菩薩像を導き出した。大乗仏教にすこぶる近似していることが判る。

これらからして、一般的に考えられていた部派仏教を一律に小乗仏教と見なす従来の考え方は修正されるべきであるが、実際にも現在では小乗、大乗の区別を明確化しないのが多数説かと思われる。

では、大乗仏教が西北インド、中央アジアにかけて興起した時期、インド全般においては部派仏教の教勢はどうであったか。

紀元後４~５世紀にインドを旅した法顕は、部派仏教を学ぶ寺がインド各地にあったことを報告している。紀元7世紀前半に訪印した玄奘三蔵は、部派仏教を学ぶ拠点がインド各地に存在していること、日本の飛鳥時代にあたる時期でも、インドでは部派仏教が大乗仏教よりも盛んであると記しており、7世紀後半に訪印した義浄も、仏教研究の最高権威であったナーランダ寺で、部派仏教が大乗仏教に対し優勢であったと伝えている。

しかし、このことは大乗仏教と部派仏教との勢力比であって、仏教そのものはこの時期、大乗仏教、部派仏教に限らず凋落の一途をたどっていた。

クシャーン朝が崩壊したのち、紀元３２０年にチャンドラ・グプタにより北インドが統一されグプタ朝が成立した。グプタ朝は文学、美術、哲学の分野でインド化を推し進め、ヒンドゥ教を支持し、仏教勢力は弱体化していった。この王朝も遊牧民族の侵入を受け、５５０年頃に滅亡した。

なぜ仏教勢力は弱体化していったのか。従来の氏族社会が崩壊していき、インド社会の生産構造が変化し、商業資本が育成され貨幣経済が浸透していったことによって商人階層や大衆は現世利益を肯定し、現世の福徳を肯定する思想に共感し、欲望を否定し現世を否定し人間が生きていく上に派生する欲望を否定し、生老病死から解放され、解脱することが至高の目的であるとするブッダの思想と乖離していったことが根底にあった。

これに対しヒンドゥ教は急速に勢力を回復した。ヒンドゥ教はバラモン僧たちが自らの古代からのヴェーダの宗教、すなわちバラモン教に、インドの被征服民族たるドラヴィダ族などの先住民族の土俗的宗教要素、たとえば呪であったり、まじないの類等を習合させて出来上がった民衆宗教であり、神秘的宗教である。ブッダの滅後200年を過ぎたころから隆盛した。バラモン教徒は天を供養するとき火で以って行う。これに供物を投げ入れ炎となって天に届き天は喜び福徳で報いる。これに山林に居住していた先住民族の呪等によって新たな験能が付加され効能が倍加する。呪は自然界に内蔵し充満している言語であり、それを発語することにより自然界が内応する密語である。真言ともいう。これらは即効的効能があると信じられていた。ヒンドゥ教はこれらをも取り入れ、統合し整理し止揚し、かくして隆盛していった。

これに比しインドにおいて仏教勢力は衰退化しており、教団の経済的存続基盤も失われつつあった。殊に大乗教団は部派仏教教団に較べ在家組織や一般民衆との関係が濃密であった。このため大乗僧達はヒンドゥ教に対する劣勢を取り戻すべく在家組織や一般民衆の要求に応じ、呪言や神秘的要素を備えた儀式を、大乗経典の中に取り込み教団の存続を図った。インドにおける大乗教団の密教化である。これに反し、密教化せず顕教としての仏教は徐々に砂に沁みるようにインドから姿を消していった。

密教化を試みた大乗仏教は、その中に真言陀羅尼も取り入れられた。真言とはマントラとも言い、バラモン教でヴェーダの祭儀に用いられた秘密の言語、呪であり、それは人間の言語ではない。ダラニとは梵文の呪文を翻訳しないでそのまま読誦するもので、短いものを真言、長いものをダラニという。

真言は同時に呪としての力を持つ。修法者の修法さえ通ずれば宇宙さえも動かし得るとされるが、一般的には密教経典の内容を短い文句に凝縮し、それを読誦することによってその経典の功徳が得られるとされる。こうして大乗経典の中に降雨法、病気治癒法、呪法が混入していった。

同時にブッダの仏教にはない本尊の大日如来の概念を創出し、また多数の諸仏や諸尊を祀り、明王や天上界の神々も取り入れ、それらは大日如来の現れ（権現）、あるいは外護者であるとした。

大乗仏教がヒンドゥ教的土俗的要素を取り入れて密教化していった根底理由は「ヒンドゥ教が先住民族の神秘的要素や土俗的宗教要素を習合させることによって民衆宗教として発展していったこと」に対し、同様な要素を取り入れ、ヒンドゥ教に対抗しようとした点にあった。

これ等の密教化した大乗仏教は一般民衆でも真言ダラニを唱え、宇宙の気息の中に自分を同一化し宇宙の三密に通ずる自分の三密（印形を結び、真言を唱え、本尊を念じる）を行じ火の秘事に参入し諸仏、諸尊と一体となり即身成仏できるとするに到る。

こうして顕教としての仏教が衰退していった中で密教化した大乗仏教はヒンドゥ教的密教要素を取り込んでいき、そしてこれらの密教化した大乗仏教は難行である六波羅蜜の実践も戒律の守秘も不要のまま成仏できるということ、また災害除去や利益供与も得られると主張して一時期、インドで支持が拡大した。

やがて大日経と金剛頂経の二大密教経典が成立し、インドの仏教研究の中心であるナーランダ大学も密教の根本道場と化した頃がインドにおける大乗密教の最盛期であった。

しかしながらこれらの方法は一時的には民衆に迎合され栄えたが、次第に釈迦の仏教から乖離《かいり》していき宗教性を失い、ヒンドゥ教に吸収され衰微していき最後にイスラーム軍によって終末を迎えた。１２０３年である。

グプタ朝滅亡から約50年後の６０６年、ヴァルダナ王により北インドが再統一された。この時期に玄奘三蔵がインドを紀行した。この王朝も王の死と共に６４７年に崩壊した。これ以後、インドでは16世紀のムガール帝国まで統一王朝は成立せず、各地に独自の文化が発展した。

(2)　初期大乗仏教と竜樹の中観思想

話はさかのぼる。ブッダが入滅して５００年ほど経った主として西北インドから中央アジアにかけて顕教としての大乗仏教が興起した時期に、竜樹（１５０~２５０

年）が世に現れた。本名ナーガ、ルジュナ、竜樹菩薩とも尊称される。南インドのバラモン出身の僧。大乗仏教の主要な基礎教理である世親の「唯識思想」と共に「中観思想＝中道」を展開し、中観派の祖と呼ばれた。

大乗仏教の根拠たる仏典の1つに般若経がある。般若波羅蜜の中心思想は空である。何物にもとらわれず、執着せず、無常であること、無我であることが説かれている。最初に空を説いたのはブッダである。その初期仏教ではアートマン（自我、自性、心）には固定的実体がない、空である。だから、それらに執着するなと説いた。

ところが、部派仏教のうち、上座部の説一切有部（上座部から分かれた部派仏教の一派）は実有説を展開し、アートマンは存在すると主張した。これはデカルトの「我思う、故に我在り」と同じ事実認識の上に立脚している。

これに対し、竜樹は先ず中道について論議した。中道とは本来的には苦楽中道を意味したが、これは快楽に耽ることのみならず、苦行の実践をも否定する概念である。竜樹は中道を「生成、生滅」「肯定、否定」等の対立概念の超克、即ち止揚ではなく、「言葉では表現できない境地」として捉え直し、これら中道を「空性、縁起（固定的実体が無い）」と同質なものであると定義した。

縁起という思想は、ブッダが初期仏教で主張した考え方で、「或る物の存在は他の物に縁って起こる」と説明されたが、竜樹はこのような因果的縁起説を掘り下げ、それらは空であることを言っているのだとして、空性説を提示した。

竜樹が日本では八宗（奈良六宗と真言宗、天台宗）の祖と言われるのは、これら八宗がその教理に空の思想を取り入れているからである。竜樹の空とは、全ての事物に実体が存在しないことを言う。より正確に言えば、空とは「存在の在り方」を語っている概念であるが、同時に、それは存在を否定した概念でもない。

竜樹は、全てのものは縁起によって相互依存的に成り立ち、固定的実体はなく空であり、全ての事物は無自性であり、空であるとした。また、竜樹における空は、或るものがそのものの自己存在（自性、独立性）を持たない時、その在り方であると定義した。

そして、もし煩悩や苦が、自性をもって、その自己存在を主張すれば、誰がどのような修行をしても、それを滅し得ない。煩悩も排除できず、悟りも得られない。しかし、煩悩や苦が無自性であるとすれば、煩悩や苦も自己存在を失うことになるから、修行次第で煩悩や苦を滅却でき、仏の世界に近づき得るとした。

竜樹は中論の中でこれらの思想（空観哲学）を述べ、初期大乗仏教の理論的集大成の役目を担った。

やがて大乗仏教は北伝仏教の中心となり、日本、中国、チベット仏教の主流となって発展したのは、竜樹の功績が大きい。

彼は、初期仏教以来の根本的教理である「中道」を深く考究し、初期仏教の重要概念である「縁起、空性」と同質のものであるとした。

竜樹は仏陀の説いた初期仏教の縁起説についても、その内容は「空」であることを言っているのだとし、空性説を提示した。

「空」とは、全ての事物に実体は存在しないことを言う。より正確に言えば、空とは存在の在り方を語っている概念である。しかし、一切の存在を否定した概念でもない。

大乗仏教は部派仏教への批判から始まった。ブッダの初期仏教の精神に帰れ、というスローガンを掲げた。部派仏教を小乗仏教にすぎない。小さな悟りを最終目的にする劣った乗り物であると貶した。空の思想に立脚する般若経の立場から事物が実体的に存在すると主張する部派仏教の上座部を批判する。

竜樹は中論で重ねて説く。或る物がその物の自己存在＝自性（独立性）を持たない時、その在り方を空と言う。そして全ての事物は縁起によって相互依存して成り立っており、個々の事物は固定的実体はなく、無自性であり従って空であると。もし仮に「煩悩や苦」が自性（独立性）を持ち、その自己存在を主張すれば、どのような修行をしたとしても、その煩悩や苦を滅することは論理的に不可能であり、従って修行者はそれらの煩悩や苦から逃れ得ぬことになる。

ここに空の思想が適用され、煩悩や苦が縁起によって存在しているだけのもので独立性はなく、無自性であるとされれば過度な苦行や専門的禅定も不要となり、例え比丘や修行者でなくても、それらの煩悩や苦を滅することができ、安らぎ（涅槃）の世界に近付き得ることになる。正に大乗の思想と合致するとした。

竜樹はこれらの空観哲学を中論、大智度論で展開した。

竜樹はまた、大乗の本質を、菩薩の実践徳目である「六波羅蜜」と「大悲の心」であるとし、大乗思想に対し深い賛同を表明した。

２～３世紀になると、大乗仏教も最初の学派とされる中観派の開祖の竜樹のように、学問仏教の色彩が濃厚になっていった。そして、菩薩の優位をある程度認めつつも、声聞を蔑む文言も影を潜めるようになってきた。

(3) 中期大乗仏教と唯識思想

やがて中期大乗仏教の時代（5世紀半ば）になると、竜樹の中観思想に次いで大乗仏教の空の理論的支柱として唯識説が説かれた。外界の形ある存在は幻想であり、それらは心（識）が作り出した影であり、存在するのは意識（心）のみで、意識が外界の存在を作り出しているのだとした。

この世界は意識のみによって成立しているという唯識思想が、マイトレイヤーによって説かれ、ヨーガ（瞑想）の実践家で瑜伽《ゆか》派のアサンガ（無着）、ヴァスバンドウ（世親）兄弟によって大成された。

瑜伽派は、4～5世紀にかけ、ヨーガによる「主客合一の三昧体験」を基礎に大乗経典として作成された華厳経などに示された唯心論に、竜樹の空の哲学を融合することにより結成された、大乗仏教の学派である。

華厳経では既に、「三界は虚妄にして唯これ心の作なり」という唯心論の中核の思想が展開されていたが、4～5世紀になるとこれが大乗仏教の大きな潮流となる。

そして、華厳経の影響を受け、楞伽経《りょうがきょう》は、「欲界、色界、無色界の三界」という苦しみと迷いの輪廻転生の世界とは「自分の心の現れ」に過ぎないのである。従って自己であるとかの捉われから離れて見れば、客観的に存在する世界だと思っているものは、実は無明に汚された自分の心（主観）が映じたもので、虚妄（幻影）に他ならないことが見えてくる、と説く。

世親の唯識説は、これらの唯心論の延長線上に展開されたものである。さらに、竜樹の空の理論を深化させ、特に内心（意識）を分析することにより、「全ての事象は存在しないこと＝空」であり、存在すると見えるのは意識の作用に過ぎないと説いた。この世界は識のみによって成立しているのだと。例えば、眼病患者にとっては、実在しないのに月が２つに見えるようなものだ。我々は見える外界をそのまま実在していると思っているが、それは全て識の投影なのだと。

仏教では身体は五蘊の集合体である。色は物質であり、受・想・行・識は精神つまり心に関係する要素である。これらの五蘊には実体がないとされてきた。唯識説では、物質である色以外の、四蘊が関係する精神（心）とは何か。唯識説では、心の構造は八識から成ると説明する。

初期仏教では従来、外界世界を感じ認識するのは眼、耳等の六識（六根）によってであると考えられてきた。例えば、一識である「眼」によって対象を山であると感じ、認識する。耳以下も同様である。唯識説はこれに2つの識を追加した。

しかし、唯識説では、これらの六識は単に知覚に基づいて意識に表れる外的対象像を意識しただけである。これらの六根の認識は、八識のアーラヤ識が生み出したものであり、外界があるが如くに錯覚させられているに過ぎないのだ、とした。

世親は唯識説の中で八識説を唱え、従来の眼識等（一識〜六識）の下に潜在意識として末那識（七識）、阿頼耶識（アーラヤ識＝八識）を用意し、何故、実体のないものが実体として見えるのかを説明した。

即ち、潜在意識の七識である末那識の性質は、煩悩意識とも呼ばれる識で、「俺が俺が」と自我にとらわれる我執意識であるとし、八識のアーラヤ識を、実際のアーラヤ識は透明であるが、自我であると思い込ませる性質を持ち、外部世界をアーラヤ識に結びつけ、アーラヤ識に実体として見させてしまう性質を持っているとした。

換言すれば、一識から五識までの経験としての種子を六識が受け取り、思量したうえで七識の末那識（自分中心の我執に執着する心）を経て、煩悩により汚染してから八識のアーラヤ識の蔵の中に送付され貯蔵されるアーラヤ識は、つまり存在していないものが存在すると思わされ、それが何かの所縁によって心の表面に吹き出るのだ、と説明される。

次に、人間は死ぬとどうなるか。唯識説は語る。

心、魂（アーラヤ識）は身体から離れた刹那に、
①仏、菩薩の修行のできた人は、仏、菩薩の悟りを得て成仏する。
②声聞、縁覚の人は、声聞、縁覚の悟りを得て阿羅漢の位に達するが、成仏には至らない。
③その他の人は、「地獄、餓鬼、畜生、阿修羅、人間、天人」の六道の世界に留まり、その魂は７日間、中有という空間に留まり、前世の行為（業）の報いに従って六道のどれかに輪廻転生させられる。
と説く。

では、どうすれば悟りを得て、輪廻転生から脱し得るか。

唯識説では、悟りとは一朝一夕になるものではない。心は貪欲、瞋恚、愚癡の三毒から出来上がっているが、従ってその心を清浄にし、修行に励み、煩悩を断ち切り、身体を構成している六根（眼・耳・鼻・舌・身・意）を清浄にすることであるとした。

また、大乗仏教は、仏教の教説とは異なり別物であるとの部派仏教（小乗）の批判に対しても、ある経典が仏説であるか否かは、ブッダの真意がそこに含まれているか否かという基準で決まると説き、大乗がブッダの説であることを証明しようとした。

唯識思想は世親兄弟からダルマパーラ（護法）に受け継がれ、成唯識論として成立し、玄奘三蔵は護法の弟子の戒賢（西暦529〜645年）から学び、帰国後に護法の注釈を翻訳し、中国法相宗を樹立した。玄奘三蔵の弟子の道昭は日本に帰り、興福寺を本山とする日本法相宗を成立させた。

(4) 初期大乗経典

初期大乗経典はブッダの死後、数百年経過して作成された。次の経典が有名である。
①摩訶般若波羅蜜経…智慧の完成で彼岸（理想の境地）に到達し得るとし、「空の思想」からして全ての事象には実体がないこと、だから、執着を捨てなさいと説く。輪廻転生の此岸から涅槃の彼岸に到達する方法としては、六波羅蜜の修行をせよと説く。

②維摩経…「空の思想」によって涅槃にも輪廻転生にも捉われず、それに執着しなければ日々、涅槃が実践されることになる。「空の実践」には出家、在家の区別はないとしたが、これは維摩居士の到達した大乗の仏法が出家主義を掲げるブッダの初期仏教（小乗）を越えた境地にあることを示唆する。

③浄土経典〈無量寿経・観無量寿経・阿弥陀経〉…浄土三部経については、「第4日本仏教　(7)浄土三部経」で解説する。

④華厳経…ブッダが悟りを開いた直後の、その悟りの世界や内容を表現したものである。中国では華厳経に基づき華厳宗が樹立され、日本には奈良時代に伝来し、東大寺がその総本山である。大仏は同宗の教主である。

⑤法華経…この経の訳本は多数あるが、鳩摩羅什《くまらじゅう》訳の妙法蓮華経が著名である。方便品第2でブッダが舎利弗に説く。「私が到達した智慧は深く、際限がない。それ故に方便としていろいろな教説を説いてきたが、智慧の内容は十如是である。これは何を意味するか。教化の便法として、これまで三乗の教え（声聞、縁覚、大乗）を説いてきたが、一乗のみが真理である」と。舎利弗はこれまでブッダから小乗の説法しか聞けなかったが、これを聞いてブッダの本願が、多くの人々を

成仏させることであると知った。

如来寿量品第16では、仏の寿命が無量無限であることを説く。弥勒の問いにブッダは答えた。「自分は仏になり、無限の年月を経ているのだ。ただ、衆生の教化方法として、人々の怠け心を無くするために、自分が入滅したように見せたのだ」と。このようにして、久遠実成の本仏という思想が示された。法華経は衆生、有情のすべてに成仏を予言し、そのためには本来は一乗を説くべきであるが、あえて三乗に分けて説いたのだとし、その予言を授ける仏は「久遠実成の本仏である」と説いた。

(5) 如来蔵思想

こうして大乗仏教は自由な立場からブッダ（仏）像を解釈し、あるべきブッダ（仏）像を考え、ブッダとは釈尊のみを指すのではなく、悟りを開いた者を指すのだとして、釈尊の他に、阿弥陀仏や大日如来等も仏（ブッダ）であるとし、ブッダ像は拡大していった。

大乗経典の如来蔵経に出てくる思想で、「一即一切・一切即一」を説く華厳経や、宇宙に仏の遍満する曼荼羅を至高とした密教等に大きな影響を与えた。
①如来蔵思想は六道世界を輪廻する衆生はその胎内に「如来＝仏」の胎児を宿している。今は煩悩に纏われているため本人には見えないが、心を清浄にして煩悩を抑制し、その胎児を育てていけば、何時かは衆生も如来になれるとする。
②あらゆる衆生は如来の胎内に宿されているので如来の子である。故に成長すれば、いつか如来になれるという思想である。

こうして、竜樹、世親等によって理論化された大乗思想は、伝来した中国で新たな要素を付け加え中国仏教として完成していった。

第3章 中国仏教

(1) 中国への伝来

顕教として主としてインド西北地方に興隆した大乗仏教は、西北インドからヒンドゥクシュ山脈、カラコルム山脈を越え、西域と呼ばれた中央アジアを横断するシルクロードの各国（ガンダーラ、バーミヤン、カジュガル、ホータン、クチャ、トルファン等）を経由し、中国に到達した。北伝仏教と呼ぶ。

中国への伝来は、文献上では紀元前2年で、前漢の哀帝に中央アジアの大月氏王の使者から浮屠教（仏教）の口述を博士が受けた、との記事が魏略に記載されている。

（参考）大月氏とは秦・漢時代、中央アジアに興ったイラン系（一説ではトルコ系）の民族で前漢の初め、敦煌地方から匈奴に追われイリ地方に、前2世紀頃、さらに烏孫に追われアム河畔に移り大夏を征服して国家を樹立した。要地に諸侯を置いたが、前1世紀中葉に大月氏の諸侯の1人クシャーン侯により滅亡した。

中国における仏教を巡る動向を時系列で見ると、以下のようである。

・64年…後漢（25~220年）の明帝が、異国の神の夢を見た。話に聞くブッダに相違ないと西域より僧を招き、白馬寺に滞在させたとある。

・147年…後漢の桓帝の時、中央アジアの大月氏から、大量の大乗経典を翻訳した高僧の支婁迦讖《しるかせん》が洛陽に来た。
・239年…邪馬台国女王の卑弥呼が、魏王に使者、難升米を派遣し親魏倭王の称号を受く。
・3~6世紀末にかけて中国は分裂、動乱の時代で、華北では北方諸民族の王朝がめまぐるしく政権交替し、南に逃れた漢民族も、多くの王朝が興亡を繰り返した。魏、呉、蜀の三国時代を経て、司馬氏の西晋（280~316年）末から東晋にかけて仏図澄、道安が活躍した。
・439年…華北では鮮卑族の北魏（386~534年）が黄河以北を統一した。太祖の道武帝は仏教を擁護し、仏教教団は発展したが、出家者の急増と莫大な蓄財で反感を買った。3代目の大武帝は446年に廃仏し、多数の仏僧を殺害した。
・493年…6代目の孝文帝は洛陽に遷都し、郊外に龍門の石窟を造営した。しかし極端な漢化策により、北魏は東西に分裂した。東魏は北斉に、西魏は北周に倒され、北斉は北周に滅せられた。北周は華北を統一し、北周の武帝は廃仏令を出して仏教を徹底的に弾圧した。

南に逃れた漢民族は、3世紀前半～6世紀末にかけて、江南の地である揚子江流域の建康を中心に以下の王朝を樹立したが、興亡を繰り返した。呉、東晋、宋、斉、梁、陳である。

このうち南北朝時代の宋～陳の4王朝では仏教は厚く保護され、特に、梁の武帝は奉仏皇帝として名高い（菩提達磨が入唐の途次に武帝と仏を論ず）。

・538年…百済の聖明王が使者を派遣して金銅釈迦像や経典等を欽明天皇に献上した。
・562年…新羅の真興王によって朝鮮の任那諸国が滅亡させられた。
・581年…隋の文帝は、北周の静帝から禅譲され、国家統一を果たす。文帝は仏教を擁護した。
・593年…厩戸《うまやど》皇子（聖徳太子）が立太子として摂政となる。
・607年…小野妹子らを隋に派遣する（遣隋使）。
・618年…李淵が隋王朝の煬帝の孫、恭帝から禅譲され、唐王朝が成立した。
・622年…聖徳太子が斑鳩宮で没した。

(2)　中国禅

禅とは梵語（サンスクリット語）のディヤーナの音写である。仏教とは人間が肉体をもつ苦しみから解脱、悟り、即ち成仏することによって欲望の束縛から脱して自主的自由を得るということが最終目的である。その境地を涅槃という。仏教はそれに到達する方法を教える道である。しかし生きながらの涅槃の境地に達したものは稀有である。死して初めて煩悩から離脱出来、成仏（涅槃）するのが普通である。

ブッダはインドの尼連禅川の麓の菩提樹の下で長い禅定のすえに縁起の理法を悟り迷妄から離脱し解脱した。生きたまま仏になったのだ。涅槃の境地を得たのである。そのためには苦行によってではなく理性によって、智によって物事の真理を知ることによってのみ可能だと悟ったのである。

禅とはそのような悟り、解脱、涅槃に到達する方法論の１つである。修行形態の中心に坐禅を据え、それによる自己確立を目指す宗派である。

天台宗では法華経という仏典に書かれた教説がブッダの終局の教説であるとし、それが真理であるとし、そのためには現象の本質を見抜く止観の行によって自らを透明にしてゆくという方法を採用している。

では禅ではどうか。妄想を去って心を1つの対象に集中し、精神を統一し、真理を求める瞑想方法である。

ヨーガの一種であるが、かつてブッダはこれを修行法として仏教に取り入れた。菩提樹の下でブッダが取っていた姿勢は結跏趺坐という坐禅であり、心を鎮めてこれに集中するという意味で禅定ともいう。

この釈尊の禅定は「正しい教え」の継承者達によって「正しい系譜」を辿って継承されて、菩提達磨に至ったとされる。これこそが経典にかかわる悟りの正統の教えであると主張する。

換言すれば、禅の実践は、釈尊と同等であることの自覚を同じ修行形態を用いて達成するものといえる。

ブッダはある日、法会の場で1本の華を手に取りそのまま黙っていた。皆は何の意味か判らなかったが、大迦葉だけがその意を悟り微笑した。ブッダは言う。「大迦葉は私の意を解した」と。拈華微笑の故事である。禅宗はここから始まったとされる。

ブッダの伝えんとした真意は、典籍でもなく、言葉でもなく、師と弟子の心から心によってしか伝達できないのだということである。以心伝心である。教外別伝ともいう。従って、禅宗には立宗の根本たる経典はない。

禅の系譜を見ると、ブッダ→祖師（大迦葉）…→28祖（菩提達磨）と続き、同時に菩提達磨は中国禅宗の祖として、初祖（菩提達磨）→2祖（慧可）→3祖（僧璨）→4祖（道信）→5祖（弘忍）→6祖（慧能＝南宋禅）→南岳懐譲（臨済宗）・青原行思（曹洞宗）へと継がれていった。

菩提達磨は、6世紀に南インドのバラモンに生まれ、般若多羅に禅を学ぶ。中国に渡り、崇仏心の深かった梁の武帝との問答を経て長江を渡り、北上して嵩山少林寺に入り、面壁9年、坐禅した。武帝との問答はこうである。武帝は尋ねる。「私は多くの寺を建て、多くの僧を得度させた。どんな功徳があるか」。「無功徳」と。再び尋ねる。「悟りとは何か」。「廓然無聖、何もない」と。「ではお前は何者か」。「不識、知らぬ」と。

禅は実体としては中国で成立し、初祖の菩提達磨は面壁9年の厳しい修行で手足が腐り、無くなった等の俗説が生まれた。

菩提達磨は、経や論を重視する従来の仏教とは異なり、「悟りを得るための自己認識の方法として、坐禅という実践的な修行法」を通じ、「正しい仏教の教え」としての禅宗を伝えた。

実践方法としての壁観（面壁）の解釈は宗派によって異なり、臨済宗は「壁のように座る」、曹洞宗は「壁に向かって座る」のが正しいとされる。

修行形態の淵源は前述のとおり釈尊に置かれるが、菩提達磨は現実把握について、二入四行という修行法を示した。二入とは理入と行入である。

理入とは、すなわち経典等による知識・認識によって悟りを理解する方法である。禅とはただ坐禅のみによって事足れるわけではない。理入というがごとく当然、仏教思想を理解しなければならない。ただ書籍のみでは悟りに至らないのであって、坐禅（禅定、瞑想）を重視するのである。

行入とは、次の4つの実践的な方法（四行）を通じて悟りに到達しようとするものである。

①報免行…実践の第1段階で、種々の恨み、つらみの生じる根本に立ち返ってやり直すことである。現実が苦しくとも、結果を恨まず忍耐し善き因を作る。

②随縁行…実践の第2段階で、卑近に自らの周囲に或る縁に随って修行することで

ある。現状がいかに良い状態でも慢心せず謙虚に努力する。
③無所求行…実践の第3段階で、執着を熟知し、それが起きぬよう無心になって努力すること。
④称法行…実践の第4段階で、全てが本来清浄であるという原理にかなうような実践をすること。
「二入四行による現実把握」は2祖（慧可）から…↓5祖（弘忍）に引き継がれた。

しかし、6祖（慧能）により禅思想は、現実肯定を中心とした現在主流の禅思想に変形していった。この慧能禅が、現在の禅宗各派の中心思想である。

それは、仏法を表現する手段として、文字や教説を絶対視せず、むしろ、自分を含めた全ての現実の事象を肯定することを基底に置き、自分自身の実践（坐禅修行）によって自覚していこうとする。この教えの把握と理解は全て「心」によるとし、以下のように心を重視する。
①自性清浄心…自らの本性（本質）は本来的に清らかであり、それは普段の心の働きにある。（自性清浄・即心是仏）
②悟りとは、その本性を認識し自覚することにある。（見性成仏・本来面目）

③無相戒…具体的な禁止項目がなくとも、その清浄な本性によって自己の行動は律せられる。
④悟りの坐禅からの解放…修行は坐禅のみに限定されず、生活全体である。これにより、禅とは日常生活全般が修行であることになる。
⑤正しい教えは、ブッダ以来、師と弟子の心から心にのみ伝授される。（以心伝心）
禅は唐代に至り慧能の孫弟子の石頭希遷（700〜790年）が出て、世俗を離れた修道生活を重視し徹底的に本質を追究し、彼は石の上の草庵に起居した。

馬祖道一（709〜788年）も慧能の孫弟子であるが、彼は「即心是仏」を主張し、喜怒哀楽の心が仏であるとした。日常生活全般が仏道修行と捉えた点において彼の禅は慧能禅に近いか。馬祖の弟子の百丈懐海（749〜814年）は、禅宗独自の修行規範（清規）を作成した。

6代目の相続に関し菩提達磨の禅は北宗禅（神秀）、南宗禅（慧能）に分かれたが、慧能の南宗禅が現代まで生き延びた。

南宗禅は宋代には臨済宗、曹洞宗、潙仰宗、雲門宗、法眼宗の五家が栄え、現在へと続いている。日本においては臨済禅と曹洞禅が主流であり、黄檗禅もある。

臨済宗の看話禅は「公案を用いて」悟り体験を重視する。

曹洞宗の黙照禅は「坐禅する」ことにより、自己の本質が輝くと考える。

ただし、黙照禅は「本質的な自己の完成」を強調するあまり、修行への積極性を失うという結果を招いた。

前述のごとく禅とは、ブッダが悟りを得るに至った「坐禅という体験」を、追体験することによって成り立つ教えである。故に禅では不立文字、教外別伝といった言葉が使われるが、それは仏典の論理や言語によるだけではブッダの到達した「悟りの内容」を十分に説明できないこと、限界があるということである。

禅は「教外別伝、不立文字、直指人心、見性成仏」を旗印とする。従って、立宗の根本たる経典はない。

経、律、論における言葉や論理によりブッダの到達した「真理、悟り」を表現し得ないとなれば、教えは心から心へと伝達されるしかない。即ち、教外別伝であり、以心伝心である。

禅宗は、原則として「本尊、教義、経典に捉われず」、ブッダの境地に参入することを目的とする。即ちブッダが解脱するに至った「執着心を断った本来の自己」が

「自由に創造的に生き得る境地」に到達することである。

臨済宗の開祖、臨済義玄は、この境地を仏祖のブッダですら時においては人を縛る枷になっている場合もあると喝破し、一切の経文も便所の紙に如かずと切り捨てた。

即ち臨済録は言う。「仏に逢うては仏を殺し、祖に逢うては……父母に逢うては……羅漢に逢うては羅漢を殺し、初めて解脱を得ん」と。

(3) 浄土教

浄土教は紀元1世紀頃、インド北西部に興り、4世紀にヴァスバンドウ（世親）により理論化された。現世において修行し自力で悟ろうとする聖道門に対して、阿弥陀仏の浄土に往生して仏果を得ようと期する教えであり、一心に阿弥陀仏を観想し念仏を唱えれば、仏の導き（他力）で西方極楽浄土に成仏できるとされる。この意味で、浄土教は「解脱による涅槃、悟り」を目指すブッダの初期仏教の教義と異なる。

中国では浄土教信仰は独立した宗派としてではなく、各宗派において独自に研究された。また阿弥陀仏の浄土とは別に、弥勒仏の住む兜率天往生を願う信仰も盛行した。

廬山慧遠（３３４～４１６年）は悟りを目的とする三昧（禅定）の一形態として阿弥陀仏を念じたが、これは浄土に往生を願う浄土信仰とは少し異なる。

曇鸞（４７６～５４２年？）は菩提流支（？～５２７年）から観無量寿経を得て、浄土教に帰依した。阿弥陀仏を信じ、念仏を唱えることにより、浄土への往生を願った。

そして、曇鸞は阿弥陀の本願によって救済（往生）されるという、他力による救済を主張し、口承念仏を提唱した。

道綽（５６２～６４５年）は曇鸞の没後、五台山で曇鸞の行跡を刻した碑文に感じ入り、浄土教に帰依した。

その頃、中国北部は異民族の諸王朝が興亡を繰り返す乱世のさなかであった。最後に華北をまとめた北周の武帝はすさまじい仏教弾圧を行い、民衆の中に末法思想が広がって行った。道綽は阿弥陀仏とその浄土を念じ、阿弥陀による救済を得よと浄土教を説いた。

善導（終南大師と呼ばれる。６１３～６８１年）は曇鸞、道綽の流れを大成した。観経疏以下５部９巻の著作は、法然に大きな影響を与えた。観無量寿経を解釈してその疏（観経疏）を書いた。

(4) 中国天台宗

中国浙江省台州の天台山、国清寺の智顗（538～597年）は隋代の人。天台宗3祖だが実質的には開祖である。南朝、梁の高官の子に生まれ、侯景の乱に遭遇し、出家し天台山に籠る。陳の後主（最後の皇帝）に深く信頼される。隋の天下統一後は文帝、煬帝の2帝の帰依を受ける。

智顗は法華経を根本経典として一乗主義の立場を取り、五時八教の教判理論や解脱のための体系としての止観の実践体系を完成させた。教相判釈とは宗旨成立のために構成された理論大系で、すべての経典をブッダの生涯を基準に時系列に整理し、その内容的価値判断を下したものである。

（注）日本に天台宗を最初にもたらしたのは鑑真である。

智顗は法華経を中心に法華玄義、法華文句、摩訶止観の天台三大部を著し、解脱のための大いなる大系として法華経に基づく天台宗の教理体系とその実践方法を樹立する。前2冊は教学であり、摩訶止観は実践修行法である。

止観とは悟り、解脱のための実践方法である。「禅、瞑想」と同義である。それによって空の境地（無常）を深めていくことを目的とし、竜樹の説いた空、仮、中の３つの真理（三諦）を心に観想する天台教学の瞑想行である。禅宗における坐禅と同じである。

中国天台宗は智顗の没後は低迷するが、６祖荊渓湛然が現れた。比叡山で日本天台宗を立宗した最澄が遣唐使船で明州に渡り五台山を訪ねた際に、最澄は湛然の弟子の道邃《どうすい》と行満から大乗菩薩戒を授かり、天台教義等を伝授された。さらに越州の竜興寺に赴き順暁から密教を学んだ。しかしながら順暁は金剛頂経の不空の弟子で恵果の相弟子とも言われるが不明である。唐の宮廷の内供奉禅師であったが、密教教学の傍流に位置していたため帰国後に最澄は大きな苦難に立たされる。このことは日本天台宗で後述する。

智顗は言う。法華経こそが完全（円）な教えであり円教であると。故に天台宗で行う大乗戒は円頓戒と呼ばれた。

仏教は創始者たるブッダが「自ら覚った真理（真実）」を、教えとして説いたものである。キリスト教やイスラム教のように、「絶対者の啓示」に基づいて教えを説いたものではない。

釈迦族の聖者釈尊が、その真理を悟って仏になった。ブッダである。ブッダの弟子は声聞と呼ばれる。「ブッダから真理を聞いた者」という意味である。

ブッダの入滅後に、声聞である弟子達は、自分達がいかに修行しても偉大な師と同じ悟りのレベルに到達し得ず、せめて阿羅漢の位まで到達できればと考えた。つまり悟りを開き、生きながら、生身のままで涅槃の境地に達し、仏に成り得た（成仏）のはブッダのみであり、声聞の自分たちは成仏に至らないのは当然だ、と考えた。

ところがブッダ入滅の後の数百年後に大乗仏教が興起し、三世十方（過去・現在・未来・東西南北）に多数の仏が作られた。

また、元々は悟りを開く前のブッダを菩薩と呼んでいたが、大乗仏教が起こるにつれ、誰でも衆生救済という大きな悟りを求めて修行する者は菩薩であり、いずれ仏になれるとして菩薩を大量生産した。

しかし、小乗の声聞、縁覚たちに対しては「自分のみの悟りと解脱を求めているだけの者にすぎず、衆生を救済するという慈悲心に欠ける者たち」であるので菩薩から仏のコースを辿れない者だと蔑視し、せいぜい阿羅漢位までにしか悟りを開けないと貶した。

さらに、中国法相宗は追い打ちをかけて言う。ブッダは「人間には成仏できる人間（菩薩）と出来ない人間（声聞、縁覚）がいるので、それぞれの為に、別々の異なった教えを３つ（三乗）に分けて説いたのだ」とし、彼等、声聞、縁覚の徒は死んでも成仏（涅槃）できないとの立場をとった。

これに対し、同じ大乗仏教の天台智顗は一乗主義の立場を表明して反対した。即ちブッダは３つ（三乗）に分けて説いたが、ブッダの本意は「人は皆、仏になれる悉皆成仏」という一仏乗の教えがあるのみで、三乗に分けたのは方便としてであり、修行次第で声聞も縁覚も成仏できるというものであった。

しかし、中国天台宗も無条件で成仏を約束したわけではない。ブッダの教えは誰であれ、長い修行の末に、いずれは成仏出来るという授記（成仏についての未来の予言・約束）であるとする立場をとる。

現に天台智顗も、凡夫から仏に到るには６段階の修行が必要であると主張していたが、自らの臨終に際し、弟子から「師は今、どの段階におられるか」と問われ、「自分は成仏にはほど遠い3段階目の観行即の段階にしか到達していない」と答えた。

つまり、玄奘三蔵の法相宗では、来世になっても特定な人（大乗の菩薩）しか成仏できないと説いたのに対し、天台宗の智顗は、いつの日かは断言出来ないが、人は修行次第で必ず成仏できる、と説いたのである。

ところが、日本天台宗の山門派の祖である慈覚大師円仁の弟子でもある安然は、智顗の設定した悟りに至る6段階の2段階目の名字即（凡夫が仏教をきいただけで成仏できる）に到達した者ならば誰でも成仏できるとして極端な易行道を説いた。日本仏教の特異さがこの辺りから鮮明になる。

(5) 密教

密教とは、大日如来が特定の行者にのみ、秘した形で説いたとされる秘密教である。宗教的儀式を重視し、瞑想と行と自分の信じる不動明王等の仏を観想することによって、その仏と一体化して世俗的目的の達成や超能力の獲得、或いは悟りを得ることができるとされる。

従来の仏教経典がスートラと呼称されるのに対し、密教経典はマントラ（真言）と呼ばれる。呪文的文句の陀羅尼経典も密教経典だが、その主要目的は厄災除去、超自然力の獲得等であり、実践方法は儀式としてマントラの読誦、苦行、火の祭儀等を行なった。

密教には2つの思想がある。物質原理を説く大日経と精神原理を説く金剛頂経である。それらはインドにおいて別々に発生した。ブッダの誕生以前からインド社会において紀元前600年頃、ガンジス河中流域を中心に商業や農業が盛んになり商品交換経済が発達し社会経済活動が発展しだした頃に、各地に小都市が成立し、それらを中心に群小国家が生まれた。

新たな経済活動の発展にともなって浮上してきた武士階級や商人階層を支援者として、多数の思想家が輩出されたが、彼らは従来のバラモンとは異なった新しい教理を掲げ、新たな宗教活動を始めた。

ブッダもその1人である。ブッダ以前にもブッダ以後にもそのような無数の思想家、思索者がいた。

彼らは衣食のために労働はせず、多くは遊行したり、山林のなかで思索した。彼らは聖人とされた。密教の2つの思想も思索者グループの中の一群の思索者達によって作られた。

思索者達はドラヴィダ民族等の被征服民族の土俗的日常生活の中に生きている呪文やマジナイを集め、効能をそこに見出し、それらの体系化を試みた。なぜなら呪を行う彼等の行法には、それを行うだけの功験、あるいは超自然的な力の付与等があるはずであるからである。彼らはその体系を仏教として位置付けた。大乗仏教の一派としての密教が大雑把ながら体系化されていった。

仏教として体系づけられる以前のそれらの断片的呪は各地に伝えられ、日本においてもすでに奈良朝以前にそれらの呪文の断片が雑密として伝えられていた。

思索者達は7世紀半ばにそれらを統合し、一定の世界観のもとに密教聖典として大日経を成立させた。教主は法身仏の毘盧遮那仏（大日如来）とした。当然ながらブッダの創設した仏教とは原理は異なっている。

大日如来のイメージは太陽であろうか。密教聖典においては、法身仏（大日如来、毘盧遮那仏）が教えを説くとされる。法身とは、「永遠なる宇宙の理法そのもの」として捉えられた仏の在り方である。

聖典たる大日経では宇宙の原理そのものが大日如来であるとして、大日如来を密教的宇宙における最高の理念であると位置づけ、その大日如来の、その自然的存在物やその機能と運動の本性はすべて菩薩の姿であるとする。大日如来は無限なる宇宙の全てであると共に、宇宙にある全ての物に内在していると説かれる。この点で華厳経の「一は一切であり、一切は一である」という認識論と一致する。

大日如来の、その自然的存在の本性は清浄であり、自然的存在である人間も修行によって清浄となり得るとし、修法によっては宇宙の原理に合一出来得るとする。

大日経が成立する以前に、大乗仏教としての華厳経が存在していた。

華厳経は「一は一切であり、一切は一である」として世界観で成り立っていた。万物は相互にその自己の中に一切の他者を含み、相互に関係し合って存在していると説く。このような宇宙の全ての存在と動きは教主である毘盧遮那仏の悟りの表現であり内容であるとされる。この点で大日経と華厳経は類似する部分がある。

華厳経に言う。ある時、一切義成菩薩は成仏し、毘盧遮那仏となった。毘盧遮那仏は、地上に降りて修行中のゴータマ・ブッダの身体に入り込んだ。ゴータマ・ブッダは悟りを得て仏になった。つまりブッダは毘盧遮那仏の仮の姿である、とされた。

大日経は言う。毘盧遮那仏は、菩提心を目指し、大悲（思いやりの心）を根本に持って民衆の苦しみを取り除くことが、自分の悟りより大切であると決心した、とある。この意味において胎蔵界マンダラ（大日経）は「理のマンダラ」とされるのである。

金剛頂経は7世紀後半に聖典として成立した。ヨーガを中心とする秘儀の体系である。金剛界マンダラは、毘盧遮那仏が説く教えを習得した衆生が、悟りを得た境地を表現したものである。堅固な智慧によって、あらゆる煩悩を断ち切るとする。

金剛界マンダラはこの意味において「智のマンダラ」とされる。

中国には金剛頂経系は金剛智というインド僧が伝えた。中国で西域の生まれの不空三蔵に伝え、不空は恵果に伝えた。不空は空海入唐の30年前に唐にて70歳で没した。大日経系は善無畏というインド僧が中国に伝えた。善無畏は弟子の玄超に伝えた。新羅人である。玄超は恵果に伝えた。結果として空海は恵果から金剛頂経、大日経の両部の伝法灌頂を受けた。

空海はインドに生まれたこの呪や秘儀、技術、修法を中心とする現世利益をもたらすという密教の別々の体系を受け継いだ。これらを統合すると共に、ブッダの教説を包摂した密教体系を構築した。真言宗である。

(6) 大乗仏教の密教化とその衰退

インドにおける大乗仏教は最初から密教的要素を包含していたわけではない。インドにおいて顕教としての大乗仏教が密教化するのは、１つにはヒンドゥ教に押されて衰退基調にあった大乗仏教教団が劣勢な教勢を挽回すべく、在家組織や一般民衆との関係が部派仏教教団に比べ濃密であったため、彼ら在家組織や一般民衆の欲求に応じ、呪言や神秘的要素を備えた儀式を、大乗仏教の中に徐々に取り込んだ結果である。

密教の呪は、その内容を短い一文に凝縮し、それを読誦することでその呪文の功徳が得られるとされる。呪でありダラニである。こうして降雨法、病気治癒法、呪法等が大乗経典の中に混入していった。

密教的要素を取り込んだ大乗仏教は難行である六波羅蜜の実践も戒律の守秘も、不要のまま成仏出来るということや、また災害除去や利益供与も得られるとして支持が拡大していった。

このようにしてインドにおける大乗仏教は密教化していった。しかし、それは純然たる密教ではない。

換言すれば、大乗経仏教が土俗的要素を取り入れ密教化していった根底理由としては、「ヒンドゥ教が民衆宗教として発展していったこと」に対し、同様な要素を取り入れ、ヒンドゥ教に対抗しようとした点にあったが、これらの方法は、一時的には民衆に迎合され一時的には息を吹き返したが、次第に宗教性を失い、インドにおいては徐々にヒンドゥ教に吸収され衰微していった。

第4章 日本仏教

(1) 日本への伝来

552年、欽明天皇の13年、朝鮮半島の百済の聖明王から日本に経典と仏像がもたらされた。公式な仏教伝来の始めである。廃仏派と崇仏派の対立があったが、天皇はこれらの仏像等を大臣の蘇我稲目に預けた。

584年、敏達天皇の13年、百済の威徳王から2体の仏像が贈られた。稲目の子、馬子は天皇の許可を得て、飛鳥に元興寺(法興寺、飛鳥寺)を建立する。

敏達天皇の後は用明天皇(聖徳太子の父)が即位したが2年で没し、後継を巡り物部守屋と蘇我馬子が争い、馬子が勝利した。崇峻天皇が即位したが、天皇は馬子に暗殺された。推古天皇(用明天皇の姉で、敏達天皇の皇后)が即位した。皇太子に聖徳太子が就任す。

太子は法隆寺と四天王寺を建立する。また、太子は595年、高句麗から僧の慧慈を招き師事した。当時、中国では隋が天下を統一していた。

622年、聖徳太子没。

645年、大化の改新(天智天皇)で蘇我蝦夷、入鹿が滅亡する。

天智天皇→天武天皇→女帝の持統天皇→文武天皇と続き、710年、女帝の元明天皇は奈良に遷都。以後、女帝の元正天皇→聖武天皇（東大寺建立）と続く。

⑵　奈良仏教（南都仏教）の性格

奈良時代に新羅や唐の招聘僧、帰国留学僧等により、６つの仏教宗団ができた。これらは後世の「宗派」とは異なり、「仏教学派」とも言うべき存在で、僧たちは「衆」と呼ばれる研究集団を作り、それぞれの教学研究に従って三論衆や律衆の徒と呼ばれた。

彼らは互いに仏教の教理を研究・研鑽し、それぞれの寺を行き来し、また、同じ寺の中に２つの研究会が併存することも稀ではなかった。

奈良仏教界に問題が起こった。

修行者は出家し、僧になるには本来、仏教教団（サンガ）から正式な戒律を授戒されることが必要であったが、日本にはどの寺院にも正式な授戒僧が不存在で、授戒する戒壇院もなかった。

このため急遽、奈良の興福寺の僧、栄叡と普照が渡海し、中国の律の大家、鑑真和上に懇請する。

754年、鑑真和上は招請を受託した。大仏の開眼供養の翌々年、唐朝の反対を押し切り、5度の密航に失敗し、かつ、失明の難を冒し来日した。

鑑真は多くの受戒を授け、また、東大寺以外にも筑紫の観音寺、下野の薬師寺にも戒壇院を設けた。後に唐招提寺の前身を建立し、律宗を開宗し戒律を普及させた。

来日した鑑真は、かつて天台山に学んでいた。このため多数の天台智顗の著作を持参した。最澄が留学僧として渡航し、天台山で天台教学を学んだ主因は、これらの書籍に影響されてのことであろうか。

＊南都（奈良）六宗は次のとおりである。

・華厳宗＝良弁・審祥　東大寺
・三論宗－恵灌　東大寺南院が本部
・成実宗＝道蔵　元興寺、大安寺が本部
・法相宗＝道昭　興福寺、薬師寺が本部
・倶舎宗＝道昭　東大寺、興福寺

・律宗＝鑑真　唐招提寺

当時の僧侶は、国家庇護の中で仏教の教学研究を行い、鎮護国家の担い手として国家公務員とされた。仁王般若経などの護国的な経典の講説、呪術等を行うのみで、民衆に対する教化活動等は禁止されていた。

僧尼令により、国家から身分と生活を保障された僧侶達は、国家の平安を祈り、皇族達の除災招福を祈願することが主たる任務であった。

つまり、奈良仏教とは徹頭徹尾、民衆とは無関係な存在であった。大乗経典が掲げる衆生救済の思想はなかった。仏教は単に学問の一部門であり、これを学ぶことは立身出世の道の１つに過ぎなかった。

７９４年（延暦13年）、桓武天皇は政治の刷新を図らんとして奈良の都を捨て、長岡京を経て平安京に遷都した。

通説は、桓武天皇による遷都の理由を７４３年の墾田永年私財法に求める。即ち同法で土地公有制が崩れ、王臣家や大寺院による大土地所有、荘園の拡大等により寺院勢力が強勢になったが、その影響から脱するために、興福寺等の大寺院から遠く離れた平安京に遷都したとする。当然ながら、寺院の京都移転は禁じられた。

(3) 最澄と天台宗

最澄(767~822年)は近江国志賀郡に生まれた。渡来人の末裔である。近江の国分寺で法相宗の行表に学び、東大寺で具足戒を受けた。3か月で奈良を去り、京の叡山の奥深くの草庵に住し、やがて一乗止観院を建立し、12年間修行に専念した。

桓武天皇は平安京に遷都して間もなく、側近の和気広世から最澄の清貧な日常、人格識見について聞き及び、内供奉に任じた。

804年、最澄は留学生として入唐を命じられた。天台山で天台中興の祖、湛然の弟子、道邃《どうすい》から法を受け、大乗菩薩戒を受けた。行満から天台教学(円)、越州の竜興寺の順暁から密教、禅林寺の翛然《ゆうねん》から禅を学んだ。

中国天台宗は法華経教学を中心とし、法華一乗を根本教義として立宗としている。最澄は帰国して叡山に天台法華宗を立宗し、法華一乗を主張した。

法華一乗とは何か。

最澄は主張する。鳩摩羅什翻訳本の法華経方便品に、ブッダが声聞乗、縁覚乗、菩薩乗の三乗を説いたのは、相手の資質に合わせた方便である。ブッダがこの世に現れた目的は、全ての人を成仏させることであり、ブッダの真の教えは法華一乗にあると。また、小乗という言葉も方便であり、声聞乗も縁覚乗も小乗と言われるが、小乗と言われる舟も大乗という舟に包摂されているとし、その根拠は法華経にあるとした。「全ての衆生・有情は仏になり得る」とあるではないかと。ここに日本仏教で初めて、民衆救済の思想の萌芽が示された。しかし、天台宗は最澄没後は貴族化、権門化していった。

これに対し、会津在住の法相宗の高僧、徳一が反発した。即ち、人間の素質や能力は決まっており、声聞、縁覚、菩薩という三乗の区別があるのは当然であると。誰もが仏になれるという法華経にいう一乗こそ、ブッダによる方便の言である、と主張し、南都、北嶺（比叡山）間の大論争となった。「三一権実論争」と言う。

また、戒律・戒壇についても最澄は争った。

当時、南都の3大戒壇院における受戒項目は、250もの戒律からなる小乗戒であった。大乗系の宗派である天台宗の最澄が、これを受持するのは矛盾だとし、自ら行表から受戒した小乗戒を捨てた。大乗仏教を掲げる以上、大乗仏教の戒律を用いるべきだと主張した。

それは鑑真の伝えた小乗戒ではなく、梵網経に説く大乗戒(注)であるとした。当然ながら受戒の戒壇も建立すべきだとして、叡山に大乗戒壇建立を、と朝廷に訴えた。

(注)梵網経に説く大乗戒は、小乗の具足戒に較べ、出家修行者への戒としては安易な具足戒である。最澄没後すぐに、叡山に梵網経による大乗戒壇が認められ、大乗戒が行われるようになったが、結果として出家者の戒律が緩くなり、僧侶達の破戒や無戒が横行し、堕落していった。なお当時、インド、チベット、中国の大乗僧達は、戒律に関しては部派仏教の小乗戒律を厳格に用いた。

806年、最澄の庇護者であった桓武天皇が没した。後継の平城天皇(桓武天皇の第一皇子)は藤原種継の娘、薬子の変に関わり失脚し、次の嵯峨天皇は最澄のライバル空海を重用した。

822年、最澄の晩年に不遇であった。最澄没す。56歳。1週間後に、嵯峨天皇は比叡山に大乗戒壇建立を許可した。

天台智顗は、法華経は完全な教え(円教)であると説き、天台山で行う大乗戒は円頓戒としたことから、比叡山も大乗戒を円頓戒と呼んだ。没後44年、日本で初めて最澄は大師号を諡号された。伝教大師。大師号は朝廷から高僧に贈名する中国の風習である。

比叡山の天台宗は法華経を基盤としたが、最澄は中国から法華、密教、禅、浄土の思想を持ち帰り四学を講学したので、比叡山は総合大学の観があった。

(4)　天台本覚思想

天台宗を語る時に常に問題となる天台本覚思想とは、そもそも何か。

大乗仏教では、人間は生まれながらにして仏性（理想的な人格者に成り得る素質）を備えているとする説がある。例えば涅槃経では、一切の衆生は悉く皆、仏になる可能性（仏性）があるとし、一切衆生悉有仏性という。

比叡山ではその考えをさらに徹底させた。人間は修行によって初めて「覚る」ものではなく、既に生を享けたその時から覚っているのだと主張した。字のごとく本覚思想という。しかしながら、生まれながらに覚っているのであれば、人は何故今更、発心したり、苦行等の修行をせねばならぬのか、という反問が当然に生じる。

道元は後年、この問題に対し、「確かに天台本覚思想の言うとおり、人は仏性を生まれながらにして内包するが、それは個々人の主体的努力（修行、自力）によって磨き出して初めて外に現れるのだ」と主張し、本覚思想に対する安易な理解を戒めた（道元で後述）。

(5) 空海と真言宗（密教）

密教とは、浄土宗、天台宗等のように教説が言語や文章、論理で説かれている顕教に対し、「秘密の教え」であり、ヒンドゥ教と習合した加持祈祷など神秘主義的傾向が濃厚で、宗教的呪術が多く取り入れられている大乗仏教である。

7世紀後半に唐に伝来し、8世紀に唐で全盛期を迎えた。

唐代にインド出身の善無畏三蔵（637〜735年）が長安で大日経を、弟子のスリランカ出身の不空三蔵（705〜774年）が金剛頂経を翻訳し、密教の二大根本経典が整った。不空は玄宗、粛宗、代宗の三代皇帝に仕え、密教を中国に定着させた。

密教では宇宙の本体は大日如来であり、万物は大日如来の表れであるとして本尊とした。金剛頂経によれば、金剛界とは智によって宇宙を示すものであり、金剛界曼荼羅は智の世界観を表すとされる。

大日経によれば、胎蔵界とは理（慈悲）によって宇宙を示すものであり、胎蔵界曼荼羅は理（仏の大慈悲）の世界観を図示したものであるとされる。

（注）理とは仏教では普遍的な絶対・平等な真理をいう。仏の慈悲も含まれる。

空海は、讃岐国の多度郡屏風ヶ浦の豪族佐伯氏に生まれる。最澄より８歳下である。大学を中退し、その後の７年間は不明で、この空白期間をどう過ごしたのか。どこかで密教文献を熟読し、中国語を猛勉強していたのではないか。そうでなければ７年後に渡航し、流暢な中国語を駆使し、２年で密教を完全に習得した理由は説明し難い。

８０４年、遣唐使船で中国に。同じ船団に、最澄が公費留学生として乗船していた。空海は私費留学生であった。

長安（西安）に滞在し、青龍寺に恵果（７４６〜８０５年）を訪ねる。不空三蔵の高弟である恵果から、数ある門弟を飛び越え、密教の奥義を伝授された。

全てを空海に伝授し切った恵果は、程なく没す。恵果の没後、中国密教は衰退していった。

金剛頂経と大日経の両部門を継承した空海は、帰国後に密教が仏教であるとするにはやや弱体な理論を精緻に再構成することに傾注した。

空海は密教という非釈迦的な世界の中に、釈迦の思想も包摂されているとしてこれを仏教世界であるとし、既成仏教に対置し、密教体系を既成仏教の到達した最高の段階に至った仏教体系であるとした。この論理でいけば、キリスト教もイスラム教も仏教の一分野であると言えることになるのだが……。

それはさておき、金剛界、胎蔵界の密教は、空海の中で1つになり体系化され、真言宗という体系を構築した。空海は立宗した。

空海は密教により「即身成仏が可能」であると主張した。

顕教である大乗仏教では、密教で言う「即身成仏」するとは、生きながら涅槃の境地に至ることであり有余涅槃という。仏になる「悟りを得る」ことである。そのためには菩薩行の実践項目としての六波羅蜜等の修行形式等がある。これらに到達するには天才の能力が必要とされ、それがなされるのはブッダ以外では稀有の事例とされる。

しかし、空海は「六波羅蜜等の難行道によらずとも」、三密加持の修行により、即身成仏ができると説いた。即ち三密の修行とは具体的には身、口、意の三業であり、加持行とは大日如来と合一することで、具体的には手で印を結び、口で真言を唱え、意で仏、如来、菩薩、明王等を念じることである。そして、修行者の三密が仏の三密と相応した時、この世で即身成仏が可能になるという。

真言密教と天台密教は即身成仏の方法論で延々と争ったが、現世成仏論に冷水を浴びせたのが末法思想という終末的歴史観であり浄土思想である。

末法では、この世で悟りを得て成仏するのは難しいので、そのような難行苦行ではなく、阿弥陀にすがって極楽往生を目指そうとする浄土思想が起こったのである。

（注）この時期、最澄の弟子の円仁は入唐し、師の最澄が不覚にも為し得なかった密教を完成させ、帰国後に常行三昧堂を建立し、真言密教（東密）に対抗していた。

(6) 法然と浄土宗

平安時代に開基された天台、真言の２宗も、結局は朝廷や貴族達の政治権力に従属し、その要請に奉仕し、民衆救済に目をつむった。これに法然が反発した。

１１３３年、岡山県北部の美作国に生まれる。７歳の時、押領使の父が殺され、法然は叡山に登り天台教学を学ぶが、俗化した叡山を嫌悪し、18歳で叡山の別所の黒谷に隠棲し、叡空の下で20余年、仏道修行に専念する。叡空は融通念仏を始めた良忍の高弟で、黒谷上人と呼ばれていた。

保元・平治の乱が起き、戦乱に明け暮れる中で、既存の大乗仏教教団は世俗的権力の保持や蓄財、荘園の獲得に狂奔し堕落しきっていた。末法意識が社会に広まり、人々は絶望した日々を過ごしていた。

「そんな人間のための教えがある筈だ」と、法然は大蔵経（一切経）を読み込んでいるうちに、中国浄土教の大成者、善導の無量寿経疏（解釈本）の中の一文を知った。法然43歳であった。「これで全ての人が救われる」と、法然は確信した。

法然は念仏以外の一切の修行法を雑行として捨て去り、専修念仏の立場を鮮明にした。誰でも実践できる浄土門こそ、末法の時代の民衆救済の教えであり、貧しく無知な凡夫こそが救われねばならぬと主張し、「選択本願念仏集」を著わした。

(7) 浄土三部経

①無量寿経

阿弥陀仏が前世で法蔵という修行者だった時、48の誓願を立て、これが達成されぬなら自分は菩薩のままでよい、仏にはならないと誓った。その18番目の誓願で、自分を信じて念仏をする者が極楽に生まれないならば、自分は仏にならないと誓ったとある。そして現在、法蔵菩薩は阿弥陀仏になって、西方の極楽浄土に住んでおられる。ならば、衆生が念仏を唱えれば、極楽浄土に行ける保証がされたということになる。

②観無量寿経（観経とも言う）

マガタ国の阿闍世王子は、父のビンビサーラ王を幽閉し殺した。助けようとした韋提希夫人をも幽閉する。絶望した韋提希夫人の祈りに釈迦が姿を現し、阿弥陀仏への信仰を勧め、その観想法を教示する。

③阿弥陀経

阿弥陀仏と極楽浄土を描く。ただ一心に南無阿弥陀仏と念仏及びその名号を唱えれば、愚かで卑しい者でも、阿弥陀は決してその人を見捨てず、極楽浄土に連れて行ってくれると説く。戒律や苦行等の自力ではなく、他力である阿弥陀の本願によって救済されるのだと説く。

法然は「選択本願念仏集」を書き終えると叡山から下り、東山吉水で専修念仏を説く。「南無阿弥陀仏と唱えれば、誰でも極楽浄土に往生出来るのだ」と説き、阿弥陀仏に帰依せよと説いた。

法然の専修念仏は、初めて信仰が個人個人を結びつけ、信者が広がっていくという新しい民衆の動きであった。

奈良の南都仏教や叡山は、「旧仏教の否定」と見て法然を敵視し、朝廷や幕府に働きかけ、潰しにかかった。

法然は、自分の浄土教は他力本願の宗教であり、阿弥陀仏を信じ念仏を唱えさえすれば救われるとし、一方で修行を積むことで覚りを得て成仏できるとする従来の仏教を、自力救済の聖道門として否定した。初期仏教から連なる従来の仏教理論からすれば、革命的理論だった。

1207年、法然、弟子の親鸞等7名が流罪とされた。75歳の法然は土佐へ、親鸞は僧籍を剥奪され越後の国府へ流された。４名が死罪となった。

１２１１年、赦免され京都大谷に戻った法然は、翌年80歳で没す。法然は自分の為に精舎建立をしてはならない、と厳しく遺言した。

⑻　親鸞と浄土真宗

親鸞は没落公家の日野有範の子に生まれる。日野家は源平の合戦で一家離散、両親と死別した親鸞は９歳で叡山に登り、後に管長となる慈円につき出家する。

常行三昧堂の堂僧となり、厳格な戒律（八正道）の修行を自身に課した。初期仏教でブッダが説かれた八正道は、後に三学（戒、定、慧）としてまとめられる。即ち、戒を守れば正しい禅定が出来るようになり、智慧を得るようになり、これが悟りに直結するのだとされる。

しかし、親鸞は欲望と執着を捨てきれない自分に限界を感じた。29歳の時、叡山を下り、京都の六角堂で八正道より容易な百日参籠を始めた。95日目、夢に観音菩薩が現れ、法然上人の所へ行け、と告げた（一説には明け方、救世観音から女犯に関する夢告を受け、自身を恥じたとも)。

親鸞は、本能を圧殺し続けることは自分には不可能だと観念した。師の法然は言う。「戒律を守ろうとしても、守り切れないのが人間だ。阿弥陀仏はそのような凡夫をこそ掬い取ろうと誓願を立てられ、後に仏となられた。故に阿弥陀仏を信じ、一心に念仏を唱えることこそ肝要である」と。そして「聖道門のように戒律を守ることは、一般の凡夫にとってはハードルが高過ぎる。聖道門は極楽往生の要件ではないのではないか」と。

親鸞は法然の説に従い、念仏による他力往生を推奨する、阿弥陀如来の第18願に帰依した。

人間の、ありのままの姿で救われる教えを探し求めていた親鸞は、法然の弟子になった。念仏による他力往生を推奨する阿弥陀如来の第18願により救われたと思った。歎異抄で親鸞は言う。「親鸞におきては、ただ念仏して弥陀に助け参らすべし。よき人、師の法然の仰せを被りて信じるほかに、別の仔細なきなり」と。

ここに念仏のみを専修するという、法然の教えに随順した親鸞の基本路線が示された。

越後に流罪になった親鸞は、4年後に罪を解かれ、越後の豪族、三条為教の娘、恵心尼と結婚した。法然自身は不犯であったが、弟子僧の妻帯には、念仏の妨げにならねば差支えなしと教えていた。

妻と子供を連れ東国に向かい、常陸国（茨城県）稲田村を拠点とした。ここで「教行信証」を書きながら教化活動を行った。

ここで親鸞は再び迷った。多数の経典は「自力で自身を救済せよ」と書かれている。しかし、自力で救済出来ない罪悪深重、煩悩具足の凡夫が救われ往生するには、師の法然の言うとおり、阿弥陀仏が過去世で法蔵菩薩として修行中に立てた本願を信じ、極楽に連れて行ってもらう。阿弥陀仏を信じて念仏せよと。それは正しい。だとするならば、その為に一番大切なことは阿弥陀仏を信じること、信ではあるまいか。ここで親鸞は、仏法為本（仏法を本となす）から信心為本（信心を本となす）との立場に大きく変換した。

師の法然はこうも言った。「真実心を持って念仏せよ」と。しかし、そうであろうか。本音を言うと、自分はそういう心さえも持てないのだ、と親鸞は思った。そして、考えた。「真実心を持とう」と努力するのも、実は「自力」ではないのか。

真実心も持てない救いようのない凡夫、悪人だからこそ、阿弥陀仏は救ってくれるのではないか（悪人正機説）。そうだとすれば、人間の一切の「はからい＝意図」は意味がない、阿弥陀仏に「全てをお任せすればよい」のだ、絶対他力なのだ、と親鸞は思った。

さらに言えば、師の言う如く、念仏を「称える」ことで救われる（口称念仏）のではなく、「信仰心を持った瞬間」に阿弥陀によって救われているのだと。そうであれば、「極楽浄土に救って下さい」ではなく「救って下さって有り難う」という報恩感謝の念仏を称えるべきではないか、と。

その根拠は観無量寿経にある。阿弥陀仏が前世で修行中、法蔵菩薩と呼ばれていた頃、自分はこの誓願が達成されねば仏にはならぬ、と48の誓願を立てた。

その18願で「あらゆる衆生が、阿弥陀仏の浄土である極楽に生まれたいと10回念じても生まれることが出来なかったら、私は仏にならぬ」と誓ったではないか。そして法蔵菩薩はすでに阿弥陀仏として、仏になっておられるではないか。

このことは「阿弥陀仏の48願はすでに達成されている」ことを証明していることになるではないか、と。

親鸞は下野国（栃木県）高田に専修寺を開いた。浄土真宗の立宗である。

流罪されてから28年ぶりに、親鸞は京都に戻った。63歳であった。１２６２年、90歳になった親鸞は、娘の覚信尼らに看取られて没した。翌日、遺体は東山山麓で火葬された。死後10年経ち、娘の覚信尼は大谷御影堂を建立した。

親鸞は最後に言う。「念仏者は、信心を得たからといって、浄土に行きっぱなしになるのではなく、浄土という悟りの世界に入ったからには、再びこの現実世界に立ち戻り、極楽浄土をもってこの穢土世界を包まねばならない」と。

信心を得るということは「仏の世界に入ること」であるが、そこで得た大慈悲の心をもって現実世界に立ち戻り、真実を明らかにし、人の世に光を添えていかねばならぬ、と教示した（往相・還相）。

即ち、浄土往生を説くことが「現実逃避の教え」になってはならないのだ、と説いた。

後に浄土真宗は２派に分かれた。

◇本願寺派…京都東山大谷で親鸞の子孫が受け継ぐ。本願寺八世の蓮如は、衰退傾向にあった教団を応仁の乱の前後に布教活動で教勢を急拡大させた。叡山は浄土真宗を危険視して、本願寺を破壊した。蓮如は越前の吉崎に本願寺を移す。蓮如は同宗の専修寺派と衝突し、京都山科へ本願寺を再移転する。蓮如の没後、比叡山と日蓮宗徒は近江守護職の六角氏と手を結び、山科の本願寺を焼き払ったが、本願寺は大坂の石山に再々移転した。

◇専修寺派…親鸞が流罪後の関東時代に布教した下野（栃木県）高田の専修寺を中心とし、民間信仰も受け入れて繁栄した。蓮如の時代に、彼の本願寺派と衝突する。拠点を下野から伊勢に移し、高田派と称して京都や北陸に勢力を伸ばした。

加賀国守護の富樫政親は、高田派を利用せんとして手を握り、本願寺派の一向一揆を引き起こし、富樫氏は最終的に滅亡した。

(9)　一遍上人と時宗

後鳥羽上皇が鎌倉幕府討幕に失敗し、破れて隠岐島に配所された。「承久の乱」である。１２３９年、上皇は隠岐島に没した。

一遍上人は、伊予国（愛媛県）の豪族、瀬戸内海の大三島水軍の大将、河野通広の子に生まれる。祖父は源平合戦の功労者であった。

一族は承久の乱で上皇側につき、敗れて江刺（北上市）に流罪される。父は法然門下の証空の弟子となり出家。一遍は母の死を契機に10歳で出家し、叡山に登り天台教学を学ぶ。しかし、末法の世には念仏が相応しいと下山し、大宰府の浄土宗の聖達に弟子入りした。

1263年、親鸞が没した翌年、父の死亡で帰郷し還俗するが、再び出家し、伊予国の山中に3年修行し悟った。

「念仏を唱えれば、阿弥陀仏の心と一体化し、阿弥陀仏の命を自分の命として生きることが出来る。法然は浄土とは西方十万億土に存在すると言うが、妄執の深さを例えて言ったまでのこと。一切を捨て、迷いによる妄執を断てれば、この穢土が浄土になるのだ」と。

一遍は後に信州善光寺で中国浄土教の主導者、善導が観無量寿経で説いた比喩に基づく「二河白道図」に感銘し、この絵を写し、自分の本尊とした。故郷の窪寺に籠り念仏の後、「衆生の為に生きよう」と決心した。全ての財産を捨て、妻、娘、下男の3人だけで旅に出たが、熊野神宮で別れ恩愛も捨てた。

独りで遊行（法を説きながら各地を巡ること）に旅立ち、各地で極楽往生を説いた。

「信仰心に関係ない。口に任せて念仏すれば、浄土に往生が出来る」のだと。

法然は「帰依し念仏を口唱した時」、浄土に往生が出来る、とした。

親鸞は「信を持った時」、浄土に往生が決まる、とする。

一遍は「念仏を唱えた時」、浄土に往生が決まる、とした。


一遍は言う。阿弥陀の前身である法蔵菩薩は18願で誓願し、法蔵菩薩は現在、阿弥陀仏になっているのだ。救済はすでに約束済みだ。故に「念仏を唱えた時」に往生が決まるのだと解釈した。

彼は「念仏」以外の全ての行を捨て、遊行に徹した。

熊野権現に参った時、権現の本地である阿弥陀仏が一遍に夢告した。「一遍の勧めで人々が往生するわけではない。阿弥陀仏の本願で、南無阿弥陀仏と念仏すれば往生出来ると既に決定しているのだ。相手の信心の有無に関わらず、札を配り阿弥陀仏と縁を結ばせよ」と。

この時、悟り、時宗を開基した。布教方法は「南無阿弥陀仏、決定往生、60万人」と書かれた札を配ることに徹した。「この札を手にした者は、極楽往生が保証される」

と。

一遍は念仏聖として遊行の旅に明け暮れた。一切を捨て果てた地平で唱える念仏こそ、阿弥陀仏の本願に叶うものだと確信した。道場、弟子、寺、教団も不要とした。一遍は親鸞とも異なり、「信」さえ捨てた。残ったのは「南無阿弥陀仏」のみであった。全てを捨て捨聖と呼ばれた。「唱えれば我も仏も無かりけり、南無阿弥陀仏、南無阿弥陀仏」。

信州佐久の武士の館で、念仏している時、参加した出家者も在家者も、心に喜びを感じ、踊り出した。「踊り念仏」である。平安中期の空也上人が始めたものを再興したか。「盆踊りの起源説」。

１２８９年、死期が迫ったことを知った一遍は、摂津（兵庫県）の観音堂で弟子に命じ、経典や全ての書籍を焼却させて没した。50歳。

（参考）空也上人（９０３～９７２年）…平安中期の僧。尾張国分寺で出家後、諸国を遍歴し、道路、橋梁、灌漑等の社会事業を行い、底辺に生きる民衆に口称念仏を広めた。教団仏教から見放されていた民衆は、市聖として尊崇した。鴨川の西に寺を開く。後に六波羅蜜寺と呼ばれた。

⑽ 禅宗

禅の歴史については「中国禅」の項で記した。禅宗は、ブッダが悟りを得るに至った座禅という体験を、追体験することによって成り立つ教えである。不立文字や教外別伝等の言葉が使われるのは、教理における論理や言葉によっては、ブッダが悟った内容を十分説明できないこと、限界があることを表現したものである。

禅は「不立文字、教外別伝、直指人心、見性成仏」を旗印にした。

不立文字とは言語の限界を示した言葉であり、故に各禅門では立宗の根本となる所与の経典はなく、大事なのは「仏になる為の座禅という修行法」なのだとする。

教外別伝とは経、律、論等にある言葉、即ち文字や教説だけでは真理や悟りを表現できず、心から心へと伝達される以外に方法はないとするもの（以心伝心）である。

禅では六祖慧能の頃から、日常生活そのままが修行であり、一切の権威を否定し、自己の内面を凝視することが肝要である、と強調されるようになった。

禅宗は、原則として「本尊、教義、経典」に捉われず、ブッダの禅定の境地に参入することを主目的とする。

ブッダの禅定の境地とは「執着心を断った本来の自己が、自由に創造的に生き得る境地」であると解釈される。

「そのためには」と、中国臨済宗の開祖（臨済義玄　～８６７年）は臨済録に言う。

「仏祖たる釈迦ですら人を縛る枷になる場合もあるのだ。いわんや、一切の経文など便所の紙にすぎぬ。仏に逢うては仏を殺し、祖に逢うては祖を殺し、父母に逢うては云々、羅漢に逢うては云々、親眷に逢うては眷属を殺して初めて解脱を得ん。物と拘わらず、透脱自在なり」と。

菩提達磨によって伝えられた禅は第二祖（慧可）、第三祖（僧璨）、第四祖（道信）、第五祖（弘忍）と続き、第六祖慧能の時に南宋禅（慧能）と北宗禅（神秀）に分かれた。

北宗禅は唐朝の帰依を受け、長安、洛陽で広まった。しかし、結果的には南宗禅が生き延び、次の宋代には南宗禅として臨済宗（公案を用いて悟りに導く）、曹洞宗（ひたすら座禅する只管打坐こそ悟りの姿であるとする）、潙仰宗、雲門宗、法眼宗等が栄えた。

⑾　栄西と日本臨済宗

１１４１年、備中（岡山県）吉備津神社の神官の子として生まれる。比叡山で受戒し、天台密教を学ぶ。14歳。堕落した比叡山の姿を憂い、改革せんと日本天台宗の開祖、最澄の学んだ中国天台山に登ろうと誓った。

28歳の時、宋に渡航する。明州に着くも、天台山は禅宗の寺院に代わっていた。栄西は南宋禅の流行を見届けて半年で帰国する。47歳で再度、渡宋し、天童山で3年間、虚菴懐敞に臨済禅を学ぶ。帰国し、１１９１年に筑前（福岡県）博多に聖福寺を創建し、日本初の禅寺とした。上洛し、禅による天台宗の復興を図ったが、叡山の圧力で「禅宗の禁止命令」が出された。

栄西は、天台宗は「円、密、禅、戒」の四宗兼学ではなかったのか、最澄も禅を天台に摂取したではないか、と反論したが、弾圧が強まり、鎌倉に下った。

栄西は密教行者として、加持祈祷で鎌倉幕府の信任を得た。源頼家の帰依も受け、鎌倉に寿福寺を創建する。同年、頼家は京都の六波羅に建仁寺を建て、栄西の開山とした。

臨済禅は看話禅ともいい、公案を重視する。公案とは師匠が修行者に与える問題であり、公案に取り組むことを看話という。

公案を解くためには論理を超えた直観の働き方が評価基準となる。知識、教養は不要だ。自己自身の真実の姿を見出し、仏になるための因子を探り当てる修行法ともいえる。

栄西は茶、味噌、醤油、畳表等を日本に伝えたとされる。１２１５年没す。75歳。

元（蒙古族）による宋の滅亡によって、多くの禅僧が来日した。蘭渓道隆、無学祖元、一山一寧等。

大応国師（南浦紹明）は蘭渓道隆の弟子となる。後に中国に渡り臨済禅を学び、その教えは、大徳寺を開山した大燈、妙心寺を開山した関山へと引き継がれ、この大応、大燈、関山の系統である応燈派が現在の臨済派の中心をなしている。

⑿　道元と曹洞宗

１２００年、道元、生誕する。３歳の時、父で内大臣の久我通親が没、母は太政大臣藤原基房の娘で、道元8歳の時に没す。叡山で得度、出家する。

叡山は山門派と三井寺を中心とする寺門派に分裂し、権力闘争に明け暮れていた。同時にまた、大乗起信論にある「本覚思想」に対し、論争中でもあった。

本覚思想とは、中世の天台宗で流行した思想潮流で、口伝によって伝えられた。本覚とは始覚に対する言葉で、本来の覚性ということで、生まれながらに衆生に具わっている清浄な「覚りの智慧」を意味する。

始覚とは、本覚とは逆に、修行によってこそ無明の迷いを去って本覚を開くことであり、始覚門の信仰とは、努力精進した年月を経て漸く「悟り」に到達するとするものである。

天台智顗は、悟りとは、教説を学び、止観修行に励み、漸く到達するものであり、いつか成仏が可能であるとしても、安易に成仏など出来るものではない、として始覚門の信仰が正しいとした。ところが日本の天台は、草木さえも修行すれば成仏するとし、極度の易行道の道を主張した。

本来、仏教は教理に従って修行し、悟りの智慧によって解脱し、仏になるのだと教えてきた。法相宗の高徳、会津の徳一が指摘した如く、長期間六波羅蜜の修行に励み、衆生済度の慈悲心に立って初めて仏、菩薩として成仏できる筈であった。しかし、比叡山を初めとして日本の宗教は、本覚門の信仰をさらに進めていた。

本覚門を主張する者達は、仏典によれば、人間は誰でも仏になれる可能性を持っているとした。仏性を有するのだと。本覚という言葉も又、人間は元々覚っている存在だということを意味しているではないか、と。そうであるならば、今更悟りを求めて修行する必要はないのでは、と修行無用論が横行した。

叡山に学ぶ道元も同じ疑問を持ち、三井寺座主の公胤に聞く。公胤は言う。「中国に禅の教えあり、建仁寺の栄西が学んだという。訪ねて質問してみては如何」と。

道元は建仁寺に行って栄西から臨済禅を学ぶが、栄西は翌年没した。道元は栄西の弟子の明全を師として学ぶも要領を得ない。されば渡宋して共に禅を学ぼう、と明全と約束した。

１２２３年、明全と共に入宋する。瀬戸焼の開祖、加藤景正が同行した。彼は福建省で陶芸を学ぶ。

明州の寧波に到着し上陸許可を待ち、３か月船に留まる。港に阿育王山《あしょか》の老典座が来たり、乾しシイタケを求む。道元質す。「何故に老僧は、そのような下端の仕事をするのか」。老僧答えて言う。「食事を扱う典座という仕事の中に、全ての真実が現れている。そこに自己を投入しないで、どうして悟りが得られるか。行住坐臥全てが真実の現れる場なのだ」と。

天童山景徳寺に入った。かの老典座、偶然に来寺する。道元聞く。「学問とは何か?」。老典座答える。1、2、3、4である。「修行とは何か」。老典座再び答える。偏界、曾て蔵さず。つまり、学問とは、あらゆるものが学問であり、修行とは、あまねく世界の全てが修行の対象である、と。

天童山を辞して、正師を求め下山する。如浄という当代屈指の禅僧が天童山に入ったと聞き、驚き天童山に戻り弟子入りし、曹洞禅を学ぶ。同行の師である明全が、宋にて客死した。

法座で隣の僧が居眠りをした。如浄が一喝する。「参禅は身心脱落だ、居眠りなどしてどうするか!」。その瞬間、道元は、心が全ての束縛から放たれるのを感じ、身心脱落の境地を体感した。

本覚思想に対する道元の答は定まった。「玉石が研磨されて玉となるように、人間も練磨によって完成された人格になる。本覚思想の言うとおり、人は仏性を生まれながらに備えているのであろうが、それは個々人の主体的努力、厳しい修行により自力で磨き出さねば現れぬものである」と。

後に道元は著書「正法眼蔵」で、釈迦の説いた出家主義こそ正しいと宣言した。出家者は全て成道のために専念し、冠婚葬祭など一切の俗事に、超然として悟りを追求すべきだと。これは大乗仏教の流れに反するが、道元は一向にひるまなかった。

曹洞禅は黙照禅という。何の問題も与えられない。座りぬくことだ。座るという行為の中で執着心を絶ち、俗念を去って束縛するもののない自由な境地に入っていく。このような境地を心身脱落という。ただし、脱落が目的ではない。「ただ座れ」。仏になるために座るのではなく、「仏として座れ」という。

帰国に際し、師の如浄は言う。「故国に帰ったら教化活動を行い、衆生のための人生を生きよ。国王、大臣などには接近してはならぬ。深山幽谷に住居して、真の求道者を育てよ。我が宗派を断絶するようなことがあってはならぬ」と。

道元は帰国し建仁寺に戻るも、宗風は廃れていた。宇治深草の安養院に入り、著作活動をした。

⒀ 懐奘

懐奘《えじょう》は九条為実の孫に生まれ、比叡山で出家し菩薩戒を受ける。南都仏教、浄土教を学び、学僧として高名になるが納得を得ず。宋より帰国し、建仁寺で説く2歳年下の道元の禅風に感じるところ多く、道元から菩薩戒を受け法嗣となる。道元29歳・懐奘31歳。

道元は京都深草に禅の道場、興聖寺を建て、座禅を実践した。翌年に懐奘を同寺の首座に任じた。

１２４３年、叡山を始め各宗派の圧迫が煩わしく、幕府御家人波多野義重のすすめで越前北部の志比庄の吉峰寺に入る。翌年に波多野氏が寄進した土地に大仏寺を建立し、１２４６年に寺号を永平寺と変更した。同寺で「正法眼蔵」を著作した。

道元は、前述のごとく出家至上主義者である。在家仏教、女人成仏を否定し、釈尊正伝の仏法の実践を強調した。「是非、鎌倉に居住を」との北条時頼の依頼も拒否し、朝廷から贈られた名誉ある紫衣も、部屋の片隅に捨て置いた。

しかし、曹洞宗は後述の瑩山禅師によって、大教団へ発展する素地が作られた。瑩山は道元の反世間的な出家主義と純粋な禅風にこだわらず、現世利益を取り入れる等により教勢を拡大した。しかし、瑩山は道元を深く尊崇した。

道元が一宗の創立者として、ひたすら哲理、理念を究めようとしたのに対し、瑩山は道元の教えを広く行き渡らせ、多くの衆生を救済に与からせるためだとして、信仰の大衆化路線を採り、布教の実践に努めた。

１２５３年、道元は療養のために上京、高辻西洞院の俗弟子の覚念の館に入り、重病の床で永平寺第二世の座を懐奘に譲った。同館で没す。54歳。

徹通義介は越前丹生郡に生まれる。13歳で禅の達磨宗の覚禅について出家し、叡山で学ぶ。後に師の覚禅と共に、京都深草の興聖寺の道元の下に参じた。２年後、越前に下向する道元に従い、その身辺の世話に任じた。

病を得た道元は、治療で京都に行く時、無事に帰れたらお前に後を継がせようと義介に約束したが果たせず、旅に没した。義介は入宋した。

永平寺第二世の懐奘は、31歳から56歳まで25年にわたり道元の侍者を務めた。健康の優れなかった晩年の道元に代わって万事を仕切った。

道元没後、永平寺第二世となった後も、方丈に道元の御影を置いて昼夜、供養を怠らず、在世中の15年間、一度も挨拶を欠かさなかったという。そして、道元の日常の言行を「正法眼蔵随聞記」としてまとめた。

懐奘は死に臨み、自分の塔を建てることを禁じ、先師道元の侍者として骨を埋めよ、と遺言した。

話を戻す。弟子の懐弉が永平寺第二世となったとき、病弱の懐奘は病に伏し、徹通義介を指名し永平寺第三世とした。永平寺第三世徹通義介は、壇徒の協力を得て伽藍整備を成功させ、同時に在家信者のため諸行事、法要を行い、教勢の拡大を図った。

⒁ 瑩山

1271年、瑩山の祖母が8歳の瑩山を連れ、旧知の第三世徹通義介に弟子入りさすべく面会を求めた。当時、第三世の義介は老母の介護に専念していたため、役職を先代の懐奘に代行して貰っていたので、徹通義介の弟子として瑩山の指導を懐奘に託した。

「只管打坐の禅」を厳守する道元以来の僧達は、伽藍整備や法要等を行い、寺院発展策を講じる徹通義介に反発した。永平寺三代相論である。

祖の教えに忠実であることと、俗に身を置き、信者を増やし、信仰を広めることとは、どうやら、いつの世でも相克するようだ。徹通義介は第三世を5年で辞任し、高齢と病気の懐奘が止むを得ず復帰した。

懐奘は、徹通義介から託された瑩山を、義介の正式な弟子と認定し、教育し、瑩山の法号を与えた。

83歳を超えた孤雲懐奘は、臨終の床で再び徹通義介に後事を託した。義介が第三世に再任され、懐奘が没した。

⒂ 寂円

中国で道元を知り、その人柄を慕い、宋から帰国したばかりの道元を京都建仁寺に訪ねた中国僧がいた。寂円である。道元門下になり、永平寺開山と共に道元に随順、俗塵から孤絶した越前大野郡に宝慶寺という禅寺を開く。数十年も古仏のごとく黙然と端坐し、坐禅に没頭した。

瑩山は19歳で寂円の指導を受けた。やがて宝慶寺の雲水たちの指導役に任じられた後、叡山に登る。延暦寺で俊才の峨山、素哲と知り合う。5年後に寂円の宝慶寺に戻る。

1292年、瑩山の師の徹通義介一派と義介の法弟、義演一派に軋轢が起きた。懐奘の弟子でもある義演は、忠実に道元の禅風を守り、永平寺の保守派を率いていた。まとめ役の懐奘の死によって仲介役が不在となり、第三世の義介は再び辞任、義演が第四世に就任した。義介は追われるように永平寺を去り、加賀（金沢）大乗寺に入寺した。曹洞宗が騒動宗と揶揄される所以である。

1299年、瑩山が師の徹通義介の跡を継ぎ、大乗寺第二世となる。峨山が大乗寺に瑩山を訪ね弟子入りした。もう一人の明峰素哲は峨山とほぼ同年ながら、瑩山を嗣法した。

瑩山を師と仰いだ峨山と明峰は、道元の自力救済、出家主義の「難行道」から永平寺を「易行道」に切り替え、曹洞宗を飛躍的に拡大させた（曹洞宗の宗旨はここで大転換した）。

1309年、瑩山の師、徹通義介が没した。91歳。瑩山は大乗寺境内に開山堂を作り、道元、懐奘、義介の永平寺三代の遺骨を安置、供養した。

１３１３年、瑩山禅師は信徒より寄進された土地（石川県羽咋市）に永光寺を開創し、境内に五老峰（墳墓）を創設した。

曹洞宗は、初期教団の段階では道元の人格及び教義に帰服した僧衆の集いであったが、宗としての僧団の結束を確立したのは瑩山の功績で、結束の中心の役目を果たしたのが五老峰であった。

五老峰の中には、①道元の師である天童如浄の語録、②道元の遺骨、③懐奘の血書の経典、④義介の嗣書、⑤達磨宗に相伝された仏舎利、⑥瑩山が筆写した五部大乗経が埋納された。

１３２１年、瑩山は峨山と明峰を後継者として「仏祖正伝菩薩戒作法」を授け、同年に能登国（石川県北部）櫛比庄の古寺の諸岳観音堂に入った。諸岳観音堂の住職、定賢律師より同観音堂を譲渡され真言宗から曹洞宗に改め、寺名も「総持寺」と変更す。

１３２５年、瑩山没す。

明治31年、総持寺は火災で焼失し、横浜市鶴見区に移転された。

⒃　日蓮宗

日蓮は、多くの釈迦の教説の中から「法華経」だけを選び、「南無妙法蓮華経」と称えれば誰もが救われると説く。法然は「浄土経」だけを選び、「南無阿弥陀仏」を称えれば誰もが救われると説く。

法華経に流れる思想は、あらゆる存在は皆、それぞれに光り輝いているという現実肯定の姿勢である。日蓮は、「現実の中にこそ浄土は存在」しており、現実を否定しては「人間の救いは無い」とした。

浄土教は逆に現実を否定する。悟りを得る修行など出来ない末法の衆生には、浄土経に説かれる「仏の本願によって仏を信じ、阿弥陀仏の名号を唱える」だけで救われる、とする浄土教こそが正しいと主張した。悟りの智慧を得なくとも、仏を信じ阿弥陀の名を呼べば救われる。来世に往生出来るのだ。これは「智慧による悟り」から「信による悟り」への変更で、従来の仏教とは異質の教理である。

確かに、宗教は一般的には信仰に立脚している。しかし、ブッダの仏教は異なる。見ること、知ること、理解することを強調しており、「悟り」とは知識を通じ、見ることによって「目覚める」のであって、信心によって目覚めるものではない、としてきた。ここでブッダの宗教と浄土教とは根本的に異なる事がわかる。

１２２２年、日蓮は安房国小湊（千葉県鴨川市）の貧しい漁民の子に生まれる。12歳で近所の天台宗清澄寺に入り教学を学ぶ。16歳で剃髪し蓮長と名乗る。17歳で鎌倉に移住した後、比叡山に遊学し、又、高野山、南都で修行する。

諸学を学び、大蔵経（一切経）を熟読した。教相判釈の結果、日蓮はブッダの正統な教えは法華経にその真髄が示されており、釈迦の目的は「法華経を説くこと」であり、他の経典はそのための方便として説いたのだと結論した。

これは天台智顗が「五時の教え」として明らかにした考え方と同じである。

（注）「五時の教え」とは、釈尊の一生の間の説法期間（50年）を5期に区分し、その各期に説法した経典の内容の高低、深浅等を判定した教相判釈である。

叡山は、開祖の最澄が天台学の他に中国で学んだ「密教、戒律、禅、浄土」を講じた。四宗兼学であり総合大学の観があった。最澄は当初、自らの宗派を天台法華宗と名付け、法華経を至上の教えとした。南無妙法蓮華経とは、「南無」は帰依するの意味で、「妙法蓮華経」の略が法華経であるから、法華経に帰依する、敬服する、という意味である。

大乗仏教の中で、竜樹等は「空の思想」を掲げ、声聞や縁覚の部派仏教を小乗仏教として批判したが、これに反し、同じ大乗ながら法華経は、声聞や縁覚も同様に菩薩の道（一乗）を歩めば仏になれると説いた。

法華経は次の2点が重要である。

①声聞乗、縁覚乗、菩薩乗の何れであろうと、悟りの彼岸を目指す者は、結局、大乗という乗物に同乗して「悟りの彼岸」を目指すのだから、これに乗ろうとさえすれば誰でも乗れる、仏になれるのだ、と主張する点（一乗妙法）。

②クシナガラで入滅したブッダは、「もはや、ブッダはこの世にいないのだよ」と、甘える凡夫の眼を覚まさせるために、方便として亡くなったフリをしただけで、本当は「永遠の過去」から「久遠の未来」まで生き続け、衆生を見守っていて下さると説く点（久遠本仏）。

結局、永遠の仏（久遠本仏）であるブッダに見守られ、一仏乗を求めて菩薩の道を歩め、それが法華経の言わんとするところであろうか。

日蓮は、法華経をブッダが伝える正統な仏教（正教）であるとした。

１２５３年、安房に帰り清澄山に登り、南無妙法蓮華経を10回唱えた。立宗宣言である。

日蓮は安房で法華経に帰依し、法華経の教えと功徳が集約されている題目「南無妙法蓮華経」を唱えよ、と説法した。特に念仏宗を批判し否定した。

念仏信者である地頭の東条景信は怒り、清澄寺の住職に日蓮を追放せよと迫り、日蓮は清澄寺を追われた。31歳。

鎌倉に逃れ、松葉ケ谷の草庵に住み、辻説法で「念仏無間、禅天魔、真言亡国、律国賊」と他宗を非難し、特に念仏宗を攻撃した。

１２６０年、「立正安国論」をまとめ、幕府の北条時頼に献呈した。当時、天変地異や疫病、飢饉が流行し、日蓮は立正安国論の中で、これらは法華経をないがしろにして邪教の念仏宗団にうつつを抜かしているせいであり、法華経に則した政治を行わねば、いずれは他国の侵略を受けると主張した。

このため、再び念仏信者に草庵を焼かれ、日蓮は暗殺から逃れ、下総（千葉県北部）に逃れた。

幕府は日蓮を危険人物として伊豆に島流しにしたが、翌年に赦免され、鎌倉へ帰される。帰郷した時、念仏信者で地頭の東条景信に再び襲われ、九死に一生を得る（小松原の遭難）。

法難に遭うたび、日蓮は、これを法華経に予言された試練と捉え、自分を法華経勧持品に説かれている法華経行者であると確信し、法華経行者の宿命だと覚悟した。

1268年、蒙古が国書を携え使者を送ってきた。日蓮は、予言が的中したではないか、と幕府や諸寺に法華経への帰依を迫った。

幕府は日蓮を逮捕し、鎌倉の滝の口での処刑を宣告した（滝の口の法難）。刑の執行直前、役人に光る物が飛来し、刀が折れた。これにより罪一等を減じられ、佐渡へ流罪される。

佐渡で「開目抄」「観心本尊抄」を書く。

1274年、赦免されて鎌倉に帰り再度、幕府に諫言したが、聞き入れられなかった。ついに信者の波木井氏の領地たる甲斐国（山梨県）身延山に隠棲し、門弟の育成に当たった。この年、蒙古軍が襲来した（文永の役）。

7年後の1281年、蒙古軍が再度襲来す（弘安の役）。1282年、日蓮は療養のために身延山を下り、故郷の常陸（茨城県）へ湯治に向かう途中、武蔵国千束の信者、池上氏の屋敷（現在の池上本門寺）に立ち寄った。病状が悪化し、その地で没した。60歳。

日蓮の仏教観の特色は「極楽百年の修行は穢土一日の功に及ばず＝報恩抄」で、穢土のこの世を否定せず、常寂光土世界に変えていこう、と現実を肯定した点であろうか。

１３３３年、鎌倉幕府滅亡。後醍醐天皇の建武中興も３年で崩壊し、60年間続いた南北朝争乱も、足利幕府三代将軍の義満が収拾し、室町時代が到来した（１３９２年）。

天台宗、真言宗の旧仏教は「国家鎮護と支配階級擁護」の役割を担ってきたが、民衆とは無縁のままであった。

これらに対し、鎌倉、室町時代に新たに興起された新仏教は、救済仏教として民衆に浸透していった。

この時期で注目すべきは、仏教が「祖先崇拝と自然崇拝」の神道を取り入れ、仏と神を合体させたことである。仏（本地）が日本の神々の姿（権現）をとってこの世に現れて（垂迹）、人々を救うと説く「本地垂迹説」が広まったことである。

また、室町初期には禅宗、中でも臨済宗が武家文化に合致することにより興隆した。これらの諸寺は、京都では南禅寺を長として天龍寺、相国寺、建仁寺、東福寺、万寿寺と五山に序列化され、鎌倉では建長寺、円覚寺、寿福寺、浄智寺、浄妙寺と順位が定められた。

やがて、これら序列化された五山は貴族化し、幕府等の俗権と結びつくことで一時的に五山文化として華やかに開花した。しかし応仁の乱後に衰退し、臨済宗の中心は五山から離れ、禅本来の修行に立ち返り、民衆の間に教勢を伸ばしていた大徳寺派、妙心寺派に移行していった。

１５７０年、織田信長は顕如率いる石山本願寺との10年に及ぶ戦いに勝利した。翌年、比叡山の全山焼き討ちを強行し、３年後に足利義昭を京都から追放し、室町幕府は終焉した。中世は終わったのである。

１５８２年、信長は本能寺の変で明智光秀に倒され、秀吉が天下を制覇する。

１６０３年、徳川家康が征夷大将軍となり、江戸時代が始まった。

⒄　江戸幕府の仏教対策

江戸幕府は寺院統制を厳格に行うため、本末制度を採用した。本山（本寺）も末寺支配に有効であったため協力した。ただし、他宗派との宗論は禁止されたため、宗教は無力化、定型化した。

本末制度は、本山にとって末寺から収奪する機構を幕府から公認されたも同然で、本山が権力を背景として末寺を支配できるため、抵抗なく確立していった。寺社奉行の設置により、僧侶、神官を管理し、各宗派の出先機関を江戸に設置させ、寺社奉行が管理、統制した。

さらに、寺請け制度を導入し、家単位で信仰の有無に関わらず、何れかの寺院の檀家になることが強制され、信徒化され、宗旨人別帳が作成された。

また、結婚、旅行、就職、転居などに際し、それを証明する寺請け証文を檀那寺が発行することになり、檀徒は菩提寺に届け、確認印を貰って宗門改め役に提出した。

この檀家制度（在家の者は、寺院の側から檀那(注)と呼ばれる）によって、寺院は教化活動を行わなくとも在家の人々を寺院の信徒として確保でき、寺院運営に必要以上の寄付を種々の名目で強要することが横行した。

（注）檀那とはサンスクリット語で、寺に財物を施与してくれる信者に対し、寺が使う言葉である。

これらの制度により、仏教は宗教性を著しく後退させ、信仰としての仏教は姿を消し、葬儀、年忌法要、お盆供養等の習俗に特化された冠婚葬祭仏教に変容、堕落していった。

檀家制度によって、僧侶は寺請け証文の発行権を独占することとなり、檀家に対して権力的存在になった。檀家は、在家として、仏家を経済的に支えてきた保護者的立場から、日常生活にまで菩提寺から干渉される弱い立場に転落した。離脱する自由さえ失った。

仏家が世俗的特権を持って腐敗堕落していったのは当然のことであった。檀家に葬式、法事を勧め、種々の理由をつけて檀徒に加持祈祷や奉納などを勧めた。また、年忌法要、お盆、お彼岸、灌仏会等の仏教行事に関連づけ、金品を収奪した。

幕府は、同時に異端宗教禁止の立場から、檀家側にも権限を与えた。有力檀家から選ばれた檀家総代には、住職の任命権などを与え、相互監視体制を構築した。しかし、結果的には有力檀家と寺院僧侶の結託を生み、物心共に彼らの村落支配を助長させた。檀家制度は家制度そのものに基礎を置いたため、個人の自由な信仰の選択は事実上、封殺されてしまった。この結果、現在に至る宗教に対する無関心を誘発し、無宗教性を助長した。

１８６８年（明治元年）、江戸城は新政府に引き渡された。

⒅　明治政府の宗教政策

維新政府は、王政復古による天皇親政により、これまでの封建的支配体制を改め、全国を統一するため、宗教政策として「神道国教化」を推進した。

明治元年、神仏分離令を発布する。神道の国教化政策を推し進めることにより天皇制を復権し、明治絶対主義政権を図る。

明治２年、政府は神祇官を復活させた。

明治４年、政府は全国に「氏子調べ」の法令を発布する。日本人の全てを何れかの神社の氏子に編成する宗教政策であり、江戸幕府による寺壇制度と同趣旨である。

神主は官吏化され、神官となった。ただし、氏子調べは明治6年に廃止された。神官の世襲を廃し、神社の社格、神官の職制を定める。

虚無僧の普化宗が廃止された。

明治5年、太政官布が布告され、僧職者に対し蓄髪、肉食妻帯勝手たるべし、とし、僧職者達は唯々諾々としてこの政策に迎合したため、堕落に拍車がかかり、僧職者達は自らその宗教的権威を地に落とした。

神社、仏閣の地の女人禁制が廃止された。修験道を廃止し、天台宗、真言宗に帰属さす。この年に政府は、キリスト教の禁教を解いた。

昭和15年、平沼内閣は宗教団体の統制強化を狙い、文部大臣と地方長官に宗派の管長等や住職の解任権限を付与した。信教の自由は封殺された。

昭和20年、敗戦により宗教団体法は廃止され、宗教は国家神道から解放され、新宗教法人は届け出で設立し得ること、とされた。

《参考文献》

『仏教の起源』（宮坂宥勝、山喜房佛書林）
『禅　現代に生きるもの』（紀野一義、日本放送出版協会）
『初歩唯識入門』（岩田諦静、山喜房佛書林）
『インド思想史』（中村元、岩波全書）
『インド仏教史・上』（平川彰、春秋社）
『ブッダ伝』（中村元、角川ソフィア文庫）
『仏教の事典』（末木文美士他編、朝倉書房）
『インド仏教人物列伝』（服部育郎、大法輪閣）
『岩波仏教辞典第二版』（中村元、岩波書店）

〈著者プロフィール〉

中村　匠（なかむら　たくみ）

1940年、兵庫県の北端（旧分国・但馬の国）の寒村に生まれる。
大学を卒業後、公務に就く。その後転身し独立自営。64歳を機に引退、
閑居し、諸国を渉遊し、現在に至る。趣味：囲碁、小唄、三味線

仏教解略

2018年3月16日　第1刷発行

著　者　中村　匠
発行人　大杉　剛
発行所　株式会社 風詠社
〒553-0001　大阪市福島区海老江5-2-7
ニュー野田阪神ビル4階
TEL 06（6136）8657　http://fueisha.com/
発売元　株式会社 星雲社
〒112-0005 東京都文京区水道1-3-30
TEL 03（3868）3275
装幀　2DAY
印刷・製本　シナノ印刷株式会社

ISBN978-4-434-24475-9 C0015